O QUE DEVE SABER UM MESTRE MAÇOM

Papus (Dr. Gérard Encausse)

33º, 90º, 96º

O QUE DEVE SABER UM MESTRE MAÇOM

Tradução de

J. Gervásio de Figueiredo 33º

BIBLIOTECA MAÇÔNICA PENSAMENTO

Editora Pensamento
SÃO PAULO

14ª edição, 2011.
1ª reimpressão, 2016.

Capa: Rosana Martinelli

Projeto gráfico e diagramação: Verba Editorial

Revisão de texto: Gabriela Morandini e Adriana Moretto

Dados Internacionais de Catalogação na Publicação (CIP)
(Câmara Brasileira do Livro, SP, Brasil)

Papus, 1865-1916
O que deve saber um mestre Maçom / Papus (Gérard Encausse), tradução de J. Gervásio de Figueiredo. —14. ed. — São Paulo : Pensamento, 2011. — (Coleção Biblioteca Maçônica Pensamento)

Bibliografia.
ISBN 978-85-315-0552-2

1. Maçonaria 2. Maçonaria — História 3. Maçonaria — Rituais 4. Maçons I. Título. II. Série.

11-05748 CDD - 366.1

Índice para catálogo sistemático:
1. Maçonaria : Sociedades secretas 366.1

EDITORA PENSAMENTO-CULTRIX LTDA.
Rua Dr. Mário Vicente, 368 - 04270-000 - São Paulo, SP
Fone: (11) 2066-9000 - Fax: (11) 2066-9008
E-mail: atendimento@editorapensamento.com.br
http://www.editorapensamento.com.br
Foi feito o depósito legal.

Sumário

O QUE DEVE SABER UM MESTRE MAÇOM

Prefácio

Os estudantes de assuntos maçônicos que vinham desejando contar com um compêndio bem claro e condensado do essencial para interpretação dos símbolos e alegorias tradicionais da Maçonaria tê-lo-ão no presente livro.

Seu autor não o escreveu simplesmente por escrever, e sim porque, apaixonado por essa Instituição e por seus grandes ideais, desejou contribuir também com sua *pedra cúbica*, bem polida, para elevar e ornar ainda mais o suntuoso edifício do qual ele era uma das fortes colunas.

Não o preocupou tanto a interpretação do efeito externo dos símbolos e alegorias quanto a de suas causas mais profundas, de cunho mais filosófico e espiritual do que propriamente histórico. É certo que, como uma sociedade secreta milenar, a Maçonaria tem sua expressão histórica, porém, suas raízes remontam a origens profundas no tempo e no espaço, inatingíveis pela história.

Foram justamente essas raízes que interessaram mais o arguto espírito do autor desta obra. E agiu acertadamente, porque ao verdadeiro maçom mais importam as inapreciáveis joias ocultas no seio de sua nobre Ordem, do que o enredo histórico, mais ou menos discutível, que a envolve. Enquanto essas joias representam o "espírito que vivifica", porque enriquecem a alma penetrante do investigador, o invólucro histórico não passa da "letra que mata" a tendência indagadora da mente. Sim, pois é muito mais cômodo aceitar a Maçonaria simplesmente porque, segundo a lenda, seu primeiro templo foi fundado pelo sábio rei Salomão, do que indagar *por que* aquele famoso rei erigiu com tanto entusiasmo e fé o suntuoso e complicado Templo.

Numa época como esta, em que se trava tremenda luta entre os ideais espiritualistas e materialistas em todas as nações, este livro é muito oportuno, e tem poder e autoridade suficientes para também fazer ouvir sua voz esclarecedora. E, oxalá, seja escutada e acatada!

A Editora Pensamento

Introdução

Aos maçons que desejam estudar a ciência maçônica, apresentamos hoje um primeiro manual, destinado principalmente aos membros das Lojas simbólicas.

É fácil constatar que muitos irmãos ignoram quase tudo acerca da ciência maçônica, e que se sentiriam muito embaraçados para explicar por que tal grau corresponde a tal cor na decoração ou a tal palavra hebraica tida como sagrada.

A ciência maçônica existe, e somente ela permite reconstituir muitos dos segredos desta venerável Ordem. É, de um lado, a adaptação da Cabala hebraica e, do outro, a das tradições gnósticas, mais ou menos modificadas pelos Templários.

Sem o conhecimento desta ciência maçônica, é impossível apreender as maravilhosas adaptações sociais postas à disposição dos FF.·. da V.·., e os meios de adaptar o simbolismo maçônico à nossa época e aos nossos métodos modernos de ensino e propaganda.

Se, após alguns meses de estágio numa Loja, é fácil obter-se um aumento de "salários" e mudar a cor de sua "decoração", é mais fácil aperceber-se bem das origens das reuniões simbólicas das quais nos tornamos ator, ou às vezes simples espectador.

Se a Franco-Maçonaria é uma simples corporação de ação social, por que existem então estes mistérios, esta linguagem e esta decoração? Se tudo isso não serve para nada, suprimamo-lo francamente. Mas se, sob estes símbolos se oculta uma grande verdade cujo conhecimento pode conduzir a adaptações sociais libertadoras da humanidade, então estudemos esta ciência maçônica com todo o respeito que lhe é devido.

É sobretudo no estrangeiro (na Alemanha, Espanha e Inglaterra) que empreendi minhas pesquisas sobre este particular.

Em minhas conversações com o M.·. Il.·. Ir.·. John Yarker, chefe supremo do rito primitivo e original; com o Dr. Wynn Westcott, da Sociedade Rosacruciana da Inglaterra; com Villarno del Villar, ilustre maçom espanhol, e com os rosa-cruzes e alquimistas da Alemanha, pude estudar, mais que nos livros e de maneira séria, a origem da ciência maçônica. Vários supremos conselhos estrangeiros me fizeram a subida honra de me inscrever entre seus membros honorários, ou entre os seus representantes na França*.

É em sua marcha que um movimento prova a sua eficiência. Se tive a oportunidade de penetrar suficiente-

* A maioria dos diplomas assim outorgados a Papus foi furtada em 1942, por ocasião de diligência alemã, feita no domicílio de *Dr. Philippe Encausse*. N. do T.

mente no sentido dos símbolos maçônicos para habilitar-me a instruir os investigadores sinceros, prová-lo-ão os meus estudos escritos. Se não passo de um galo com plumas de pavão, os críticos de boa-fé aí estarão para demonstrá-lo.

Dirijo-me a todos os empolgados pelas pesquisas desinteressadas e digo-lhes:

> Se a Loja a que pertenceis vos tem satisfeito, continuai ali vossa carreira. Se, ao contrário, não tendes encontrado o que ali procurais, não vos desencorajeis mesmo assim. Lede e fazei ler este pequeno opúsculo, sem vos preocupar com o seu autor.

Vejamos juntos se as palavras de passe e as palavras sagradas não são palavras hebraicas, cuja chave verdadeira só a Cabala é capaz de nos dar. Estudemos a história dos graus do escocismo, cercando-nos de todos os ensinamentos da crítica histórica; estudemos as origens reais dos diversos ritos.

Conservemos intacta a nossa razão e estudemos amplamente o que nos possa instruir, para afugentar de nossos cérebros todas as superstições, tanto clericais como voltairianas. Sejamos livres-pensadores, e habituemo-nos a analisar por nós mesmos as ideias que nos forem apresentadas. Será sempre um ponto de honra da verdadeira Maçonaria ensinar seus membros a distinguirem livremente a ciência esclarecida da ignorância maldosa.

1. Os ritos maçônicos

Os maçons podem dividir-se em duas categorias: os que buscam instruir-se e compreender e os indiferentes.

Estes últimos viram na Franco-Maçonaria um meio de arribar ou ser ajudado. Para eles é uma sociedade como outra qualquer, mais prática sobretudo.

Os maçons que buscam, ao contrário, logo entendem que existem ensinamentos necessitados de *uma causa.* Refletem em tudo que observam nas Lojas, nas palavras que ouvem, no ritual que se executa diante deles, e descobrem, então, que deve existir uma ciência maçônica, como existe uma ciência matemática que emprega a álgebra.

Quais são, pois, os elementos da ciência maçônica?

Se nos colocamos no domínio da história, constatamos que os primeiros centros de estudos maçônicos elevados foram criados na França pelos alquimistas, místicos adeptos das ciências ocultas: *iluminados* de Avinhão, *rosa-cruzes, teósofos, cristãos* e *martinistas.* Esses adaptaram à Maçonaria a ciência secreta, da qual detinham a tradição.

Os elementos dessa ciência se encontram:

Nos *símbolos*: cifras e números simbólicos, ternário, quaternário, setenário etc.
Nas *figuras*: triângulos, estrela flamígera (pentagrama), painel das Lojas.
Nas *lendas*: lenda de Hiram, lenda de Salomão, INRI, História de Jacques de Molay.
Nos *utensílios*: malho, nível, régua, esquadro, compasso, pedra cúbica, espadas, punhais etc.
Nas *palavras*: palavras de passe hebraicas e latinas, expressões na língua profana do iniciado.
Nos *sinais*: senhas e toques de cada grau.
Nas *decorações* e *joias*.
Nas *flâmulas*.
Na *linguagem* escrita com caracteres secretos segundo os graus.

Todo esse conjunto supõe e requer uma ciência particular, cujo estudo constitui a iniciação aos verdadeiros mistérios da real Maçonaria.

É mister, no entanto, lembrar-se que a Maçonaria tem sido mesclada com numerosos acontecimentos políticos. Compreendendo a possível utilidade dessa admirável associação, certos estadistas, ou mesmo simples ambiciosos, quiseram utilizar esta Ordem para fim totalmente estranho às aplicações sociais da ciência maçônica. Daí, por vezes, o abandono dos estudos simbólicos e a transformação da Franco-Maçonaria numa sociedade de ação política, com ensinamentos filosóficos de tendências materialistas. As Lojas que seguem essa via têm inclinação a abandonar os estudos simbólicos que não tenham nenhuma utilidade para seus membros, e a desconhecer os altos níveis em que se devem processar os estudos.

De outro lado, e isto é sobretudo visível ao estrangeiro, os maçons ligados às antigas fórmulas não abandonaram as pesquisas especiais concernentes à ciência maçônica pura.

É dessas diversas tendências que se derivam os diferentes sistemas maçônicos para o gênero de instrução, para o trabalho e mesmo para o ritual de iniciação. Em estilo maçônico, esses sistemas se chamam "ritos", os quais se podem dividir em três categorias principais, de que outros se derivam por fusão ou adaptação:

1º Os ritos de estudos filosóficos elementares, de ação política imediata. Sem se avaliar ou compreender tudo o que esta ação implica, abandona-se todo estudo de ciência maçônica pura. Os graus são reduzidos em número, as provas físicas e outras, abandonadas, e o ritual dos altos graus, ignorados. A tendência desses ritos é a transformação da Maçonaria em sociedade profana.

2º Ao lado destes ritos transformadores do simbolismo tradicional existem outros, em que a hierarquia e os altos graus são escrupulosamente conservados. A sucessão dos graus representa, com efeito, a história das tradições secretas na sociedade profana, desde Salomão até os alquimistas, passando pelos cruzados, Templários e todos os perseguidos pela egrégora papal. Ademais, a hierarquia do ensino em Maçonaria Azul,

Maçonaria Vermelha, Maçonaria Negra e Maçonaria Branca diretora permite um desenvolvimento racional da ciência maçônica, estudada sucessivamente nas Lojas, nos Capítulos, Areópagos, e regularizada em seus métodos instrutivos pela Direção Geral ou Supremo Conselho.

Os ritos pertencem ao sistema escocês, que de escocês só tem o nome; porém, é universalmente conhecido sob essa denominação.

Citaremos, entre os ritos ligados a esse sistema escocês:

o rito escocês antigo e aceito de Morin, reformado por Pike;

o rito escocês antigo e aceito de Cerneau;

o rito primitivo e original da Franco-Maçonaria;

o rito nacional espanhol, rito antigo e primitivo e

o rito universal misto.

3º Certos maçons ligados a sociedades de Rosa-Cruz, ou que de certa maneira especial se entregam ao estudo da ciência maçônica, quiseram aprofundar essa ciência, adaptando-lhe graus cabalísticos e místicos.

Esse gênero de Maçonaria tem se restringido sempre a uma elite e frequentemente compreende apenas altos graus, deixando aos demais ritos o cuidado de preparar iniciados futuros.

O mais conhecido desses ritos é o de Misraim, depois o de Mênfis, fundados ambos para um fim especial. Frequentemente se têm constituído potências unidas sob o nome de *Mênfis-Misraim* e esse rito tem 90 ou 96 graus.

Note-se que aqui desempenhamos apenas o papel de historiador. Mostramos a existência e a situação de cada gênero de ritos sem desejar julgar nada.

A Franco-Maçonaria tem sido sempre a grande iniciadora das reformas políticas e sociais. Ela destruiu, através de seus membros, as fronteiras e os prejuízos de raças e cores, presidiu a destruição de pergaminhos individuais e de estatutos corporativos que esmagavam a inteligência do pobre e susteve uma luta secular contra o obscurantismo sob todas as suas formas.

É chegado o momento de a Franco-Maçonaria sair do período de querelas mesquinhas e rivalidades individuais. A Federação dos Ritos precederá à Federação de Potências da Europa, e nós respeitaremos todos os ritos, quer estejam conosco ou contra nós. A Obra para a qual conclamamos hoje os nossos II.·. exige muito tempo e esforços coletivos para que os indivíduos a tomem em consideração.

Sem dúvida levará tanto tempo que teremos desaparecido do plano físico* quando os II.·. nossos sucessores colherem sobre nossos túmulos o ramo de acácia e a apresentarem à primeira assembleia federal de potências maçônicas, dizendo: "De pé e em ordem, meus II.·.. Eis o plano de Hiram que se cumpriu. Os obreiros estão classificados segundo seu gênero de trabalho e vão realizar uma parte da grande Obra da humanidade terrestre".

* Papus faleceu em 1916. N. do T.

2. Os graus maçônicos. Constituição progressiva dos 33 graus do escocismo

Não nos basta conhecer o resumo da história dos diferentes ritos. Precisamos penetrar mais fundo no seu conhecimento e dar aos interessados pela Maçonaria uma ideia do caráter de seus ritos sob o ponto de vista da tradição.

Antes de mais nada, advertimos os leitores contra os estudos feitos pelos clericais. Já temos falado de sua tendência em confundirem o Iluminismo e a Maçonaria. Partindo de uma ideia preconcebida — a intervenção de Satã nas Lojas — os escritores ligados ao clericalismo têm entremeado a análise dos rituais maçônicos com subentendidos e reflexões pessoais dos mais grotescos. Com a aparência de análise imparcial, glosam de quando em quando um pequeno comentário destinado a extraviar o leitor confiante. Procedendo assim, permanecem em seu papel, que conhecemos pessoalmente por experiência.

Vamos analisar as transformações do ritual lançando uma vista geral sobre a sua evolução histórica.

O primeiro ritual maçônico unindo os maçons do espírito aos da matéria foi composto por irmãos iluminados da Rosa-Cruz, dos quais os mais conhecidos são Roberto Fludd e Elias Ashmole*.

CHAVE DOS GRAUS SIMBÓLICOS

Aprendiz

Os três primeiros graus foram estabelecidos sobre o ciclo quaternário aplicado ao decenário, isto é, sobre a quadratura *hermética* do círculo universal.

O grau de aprendiz devia descobrir, ensinar e revelar o primeiro quadrante do círculo; o grau de companheiro, o segundo quadrante; e o grau de mestre, os dois últimos quadrantes e o centro.

A significação atribuída pelo revelador a cada grau deriva diretamente da significação total do círculo e de sua adaptação particular. Assim, a adaptação do círculo se refere ao movimento da Terra sobre si mesma: o primeiro quadrante do círculo descreverá simbolicamente a partida da noite, das seis às nove horas; o segundo quadrante, a ascensão das nove horas ao meio-dia; e os dois últimos quadrantes, a descida para a noite, ou do meio-dia à tarde.

Nesse caso, o *aprendiz* será o homem da manhã ou do

* Citamos, entre outros rosa-cruzes que contribuíram para a nova criação: J. T. Desaguliers, Jacques Anderson, G. Payne, King, Clavat, Lumdmen, Madden, Elliot.

Sol ascendente; o *companheiro,* o homem do meio-dia ou do Sol meridiano, e o *mestre,* o homem do Sol poente.

Se a adaptação do círculo se refere à marcha aparente do Sol durante o ano, os seus quadrantes corresponderão às estações e representarão, respectivamente, a primavera, o verão, o outono e o inverno. O *aprendiz* será, então, o grão que brota; o *companheiro,* a planta que floresce; e o *mestre,* a planta que frutifica e o fruto que cai para gerar novas plantas para a frutificação liberadora dos grãos nele contidos.

Cada uma destas adaptações pode ser aplicada tanto ao mundo físico, como ao moral ou espiritual. Portanto, compreende-se como os verdadeiros iluminados podiam realmente guiar os profanos chamados à iniciação para a luz da verdade, para essa "luz que ilumina todo homem procedente deste mundo", para o vivente verbo divino.

Mas, para isso era preciso que a chave fundamental e hermética dos graus e da sua adaptação fosse conservada por uma *universalidade oculta.* Este era o papel que estava reservado aos rosa-cruzes e aos iniciados judeu-cristãos. Eles possuem essas chaves de que os escritores puramente maçônicos não verão senão adaptações; e o presente trabalho, embora muito resumido, abrirá sobre esse assunto os olhos *daqueles que tem olhos para ver.*

Sob o ponto de vista alquímico, os três primeiros graus representavam a preparação da obra: os trabalhos do aprendiz figuravam os trabalhos materiais; os do companheiro simbolizavam a busca do verdadeiro fogo filosófico, e os do mestre correspondiam à colocação no *athanor** do mercúrio filosófico e à produção da cor negra, da qual devem sair as cores brilhantes.

Com efeito, é preciso não se prover das ideias e trabalhos dos rosa-cruzes hermetistas para não ver que verdadeiros ocultistas estabeleceram seus quadros iniciáticos segundo as regras estritas da adaptação de princípios, e que a vingança de um pretenso espoliado desempenhará apenas um papel secundário no mister.

Vindo do círculo do mundo profano, o aprendiz voltará para lá mais tarde no estado de mestre após haver adquirido a iniciação. Assim é figurado o caduceu hermético que dá a chave real dos graus simbólicos.

Martinez de Pasqually conhecia essa chave, como todo iluminado, pois dividiu sua iniciação pelo *quadrante do círculo.*

Só se pode passar de um plano para outro atravessando o reino da obscuridade e da morte; esse é o primeiro ensino que indica ao futuro iniciado a "câmara de reflexões" e os seus símbolos.

O iniciado nada pode empreender sozinho sob pena de graves acidentes; deve, pois, contar com o apoio de guias visíveis que já passaram pela experiência. Tal é o ensinamento que se desdobra dos discursos e interrogações de que participará o futuro aprendiz desde a sua entrada na Loja.

Mas os ensinamentos orais não terão nenhum valor

* Esotericamente, o fluido astral dos alquimistas, a sua "alavanca de Arquimedes"; exotericamente, o cadinho de alquimista. N. do T.

sem a experiência pessoal, que é o objetivo das *viagens* e *provas* dos diferentes graus.

Companheiro

O aprendiz *crê* sem mudar de plano. Ele passa dos trabalhos materiais aos trabalhos concernentes às *forças astrais.* Aprende a manejar os instrumentos que permitem transformar a matéria sob o efeito das forças físicas manejadas pela inteligência. Aprende também que, além das forças físicas, existem forças de ordem mais elevada, figuradas pelo resplendor da estrela; são as *forças* astrais que são pressentidas, sem serem nomeadas, pela visão da estrela flamígera.

O aprendiz se torna, assim, companheiro, sendo então instruído nos elementos da *história* da tradição.

Mestre

O companheiro que vai tornar-se mestre deve preparar-se para mudar de plano. Passará, pois, pelo reino da obscuridade e da morte; mas desta vez passará sozinho e sem ter necessidade de guia; fará *conscientemente* o que fazia inconscientemente na câmara de reflexões.

Mas ele receberá antes a chave dos três graus e de suas relações, encerrada na *Lenda de Hiram* e de seus três assassinos. Como demonstramos precedentemente*, a

* *Tratado metódico de ciência oculta.*

adaptação solar da lenda não passa da adaptação de um princípio bem mais geral: a rotação do círculo no quaternário, com suas fases de evolução e involução. Mas o que é preciso fixar por um instante é que o iniciado não vai somente ouvir esta lenda, ele *vai vivê-la,* tornando-se o personagem principal de sua reprodução.

Aqui apareceu um processo bem notável, posto em prática por Ashmole, que compôs o grau de mestre em 1649 (os de aprendiz e de companheiro foram compostos, respectivamente, em 1646 e 1648). Para ensinar ao iniciado a história da tradição de uma maneira verdadeiramente útil, vai-se-lhe fazer revivê-la. Essa será a chave dos graus posteriores e de seus rituais. Tal é a constatação que é necessário ter sempre em mente ao tratar de reformar os rituais para adaptá-los a novas épocas, mas sem afastá-los de seus princípios constitutivos.

SIGNIFICADO DOS GRAUS TEMPLÁRIOS

Ramsay

Para evitar qualquer obscuridade ou enumeração fastidiosa, sigamos a evolução dos graus maçônicos.

Aos três graus puramente simbólicos de aprendiz, companheiro e mestre, Ramsay acrescentou, em 1738, três novos graus denominados *escocês, noviço e cavaleiro do Templo.* Esses graus são *exclusivamente templários* e têm por objetivo fazer o recipiendário reviver:

1º O nascimento e constituição da Ordem do Templo, que perpetua o Templo de Salomão;
2º A destruição exterior e a conservação secreta da Ordem;
3º A vingança contra os autores da destruição.

Essa é a chave dos três graus, que foram adaptados à *Lenda de Hiram* ligando, assim, o Templo de Jerusalém à Ordem de Jacobus Burgundus de Molay.

Os maçons que desejavam conquistar os graus superiores deviam instruir-se no ocultismo e nos rudimentos da Cabala. Também o *noviço* (tornado "Real Arco" mais tarde) aprendia os seguintes nomes divinos:

Jod (*Principium*)	י
Jao (*Existens*)	יחז
Jah (*Deus*)	יח
Ehieh (*Sum, ero*)	אהיח
Eliah (*Fortis*)	אליה
Jaheb (*Concedens*)	יחכ
Adonai (*Domini*)	אדני
Elchanan (*Misericors Deus*)	אלחנן
Jobel (*Jubilans*)	זיבל

Ao mesmo tempo, faziam-no estudar as relações das letras e dos nomes e os primeiros elementos do simbolismo das formas.

No grau seguinte, o *escocês**, a esses primeiros estudos se acrescentavam outros mais aprofundados sobre as *correspondências* na natureza. Assim, o quadro seguinte, das correspondências das pedras do racional e dos nomes divinos, indicará os primeiros elementos desses estudos.

Pedras do racional	*Nome divino gravado e sua significação*
Sardônica	Melek/*Rex*
Topázio	Gomel/*Retribuens*
Esmeralda	Adar/*Magnificus*
Carbúnculo	Ioah/*Deus Fortis*
Safira	Hain/*Fons*
Diamante	Elchai/*Deus vivens*
Sincura	Elohim/ *Dii* (Sin, os Deuses)
Ágata	El/*Fortis*
Ametista	Iaoh/ *Ia Ω*
Crisólita	Ischljob/*Pater Excelsus*
Ônix	Adonai/*Domini*
Berilo	Ieve/(*Stim Qui Sum*)

A iniciação a estes dois graus promovia a união entre o Templo de Salomão e os Templários e fazia-se em lugares subterrâneos para expor a necessidade a que havia sido reduzida a Ordem.

É no grau de *cavaleiro do Templo*** que o recipiendário era verdadeiramente consagrado *vingador vivo da Ordem.*

* Mais tarde tornado o "grande escocês".

** Em parte tornado o "Kadosh".

A iniciação se transformava, assim, em uma guerra política à qual os martinistas sempre se recusaram a se associar.

As palavras seguintes, gravadas sobre o túmulo simbólico de Molay, indicavam, além disso, que os processos utilizados para o acesso eventual ao limiar da segunda morte eram conhecidos pelos que constituíram esse grau.

"Quem puder dominar os temores da morte sairá do seio da terra e terá direito a ser iniciado nos grandes mistérios."

O detalhe da iniciação do Kadosh com suas quatro câmaras — a *negra*, onde preside o grão-mestre dos Templários; a *branca*, onde reina Zoroastro; a *azul*, onde domina o chefe do tribunal da "Santa Vehme", e a *vermelha*, onde Frederico dirige os trabalhos — indica que esse grau é o resumo de todas as vinganças e a materialização, na Terra, desse terrível livro de sangue que frequentemente se abre no invisível, quando Deus permite aos inferiores se manifestarem.

É esse grau sempre reprovado pelos martinistas, que preferem a oração à vingança e que querem ser soldados leais d'Aquele que disse: *"Quem com a espada fere, com a espada será ferido"**.

* Há aqui, evidentemente, uma interpretação parcial e algo sentimental do significado da Maçonaria Negra. Tenha o leitor em mente que, sendo a Maçonaria uma miniatura simbólica do cosmos, e a Loja maçônica a de um universo, como o explica seu próprio ritual, deve, para ser um símbolo completo e perfeito, representar tudo o que há interna e externamente no cosmos e no universo, seja aparentemente agradável ou desagradável. Aliás, é também o que têm feito as grandes religiões.

Vista por esse prisma, a Maçonaria Negra tem seu legítimo papel

[Criada em 1887 pelo Dr. Gérard Encausse (Papus), a Ordem Martinista moderna recebeu, até a morte física do pranteado propagador do ocultismo, ocorrida em 1916, um impulso considerável. A Ordem Martinista de Papus estava, com efeito, representada tanto na velha Europa como em suas colônias, Estados Unidos e América do Sul. Sua influência se fez sentir igualmente entre os humildes e, no âmbito de certos tronos e graças a ela, as ideias espiritualistas conquistaram terreno preciso numa época em que o materialismo dava a impressão de estar a ponto de triunfar.

Em todos os corações em que haja penetrado uma fé, o martinismo papusiano tem permitido realizar as possibilidades de altruísmo que eles possuíam. Salvou, sem dúvida, do desespero, talvez mesmo do suicídio, muitas almas, tanto é verdadeiro que a luz atravessa os vidros mesmo que se achem embaçados, e ilumina todas as trevas físicas, morais ou intelectuais.

Em seu conjunto, a Ordem Martinista de Papus era sobretudo uma escola de cavalheirismo moral. Esforçava-se por desenvolver a espiritualidade de seus membros,

---

a representar. Significa, simbolicamente, a justiça ou o departamento judiciário do universo, que mantém o equilíbrio ou harmonia das forças cósmicas, dando a "cada um segundo suas obras" e o senso de autorresponsabilidade por seus pensamentos, desejos e ações. Corresponde ao *karma* dos hindus, ao Amenti dos antigos egípcios, à Nêmesis dos gregos, à Libra no signo zodiacal astrológico.

A esse respeito, vejam-se os eruditos comentários de C. W. Leadbeater, 33°, em sua obra *A Vida Oculta na Maçonaria*. 18ª ed., p. 231 e 232, Editora Pensamento. N. do T.

tanto pelo estudo de um mundo desconhecido de que a ciência positiva não determinou, até aqui, todas as leis, como pelo exercício do devotamento e assistência intelectual e pela criação, em cada mente, de uma fé tanto mais sólida quanto mais fosse baseada na observação e na ciência.

O Martinismo de Papus constituía, pois, um cavalheirismo de altruísmo oposto à trama dos apetites materiais; uma escola em que se aprendia a dar ao dinheiro o seu justo valor de sangue social e não a considerá-lo como um influxo divino; enfim, um centro que se esforçava por permanecer impassível ante os turbilhões positivos ou negativos que solapavam a sociedade.

Aberta tanto aos homens como às mulheres, não exigindo de seus membros nenhum juramento de obediência passiva, nem lhes impondo nenhum dogma; acolhendo sem nenhuma distinção todos aqueles que tivessem no coração o amor a seu próximo, o Martinismo de Papus proporcionou a dezenas de milhares de homens e mulheres a possibilidade de encontrarem um refúgio na experiência e na filosofia dos antepassados. E como o precisou o pranteado Teder: "Em presença deste retorno fatal à sabedoria da antiguidade que produziu Rama, Krishna, Hermes, Moisés, Pitágoras, Platão e Jesus, o Martinismo depositário das tradições sagradas saiu de sua obscuridade voluntária e abriu seus santuários de ciência para os homens de desejos, capazes de compreender seus símbolos, encorajando os ardentes, arredando os fracos, até que ficou completa a seleção especial de seus superiores desconhecidos".

Constituindo o núcleo real desta universidade, que restabelecerá um dia o casamento do conhecimento indivisível com a fé sem epíteto, o martinismo papusiano tem se esforçado por se tornar digno de seu nome, fundando grupos de estudos destas ciências metafísicas e metapsíquicas, desdenhosamente afastadas da instrução clássica sob o pretexto de serem ocultas.

Depois do desaparecimento físico de Papus, para quem a ação criadora se revestia, em todos os domínios, de um particular interesse, o movimento martinista em geral perdeu sua unidade, bem como, talvez, uma parte da eficiência. E isso ocorreu qualquer que tenha sido a personalidade dos "grãos-mestres" que se sucederam à frente dos diferentes agrupamentos surgidos após a morte do criador da Ordem.

É fato que, às vezes, o profano colhe uma impressão demasiado penosa de todas as discussões e outras cenas procedentes quer de Lyon, quer de Paris, sem esquecer a "regularidade" dos sucessores de Louis Claude de Saint-Martin e dos agrupamentos por ele criados... Mas não convém deixar de prestar imparcial homenagem aos que, depois de Papus, de toda a boa-fé e com ardente desejo têm honrado, realmente, a memória de Louis Claude de Saint-Martin, "o Filósofo Desconhecido", sem poupar seu tempo, seu trabalho, nem mesmo sua saúde, sob a égide da Ordem Martinista Tradicional, ou seja, da Ordem Martinista Retificada, de criação recente (1948).

Rodeado de alguns amigos e admiradores de Papus, tive que retomar a bandeira para tornar a dar uma nova vida ao Martinismo Papusiano, cujas grandes linhas foram evocadas anteriormente, e criar um movimento que se apoia na tradição sem negligenciar a ciência contemporânea.

Tal é a tarefa que nos fixamos, meus amigos, desejando que esta nova organização conheça, graças à ajuda tanto de nossos caros desaparecidos como dos vivos, o mesmo sucesso de sua antecessora no combate que convém manter para que triunfe a causa do amor, do belo e do bem... (Dr. Philippe Encausse, junho de 1952).]

O rito templário compreendia não somente esses quatro graus de Ramsay, mas também oito graus que M. Rosen, em seu *Satã desmascarado,* liga sem razão, em nosso entender, aos graus escoceses de 19º ao 28º.

Graus do rito templário

1º Aprendiz ou iniciado;
2º Companheiro ou iniciado do interior;
3º Adepto;
4º Adepto do Oriente;
5º Adepto da águia negra de são João;
6º Adepto perfeito do pelicano;
7º Escudeiro;
8º Cavaleiro de guarda da torre do interior.

O RITO DE PERFEIÇÃO

Análise de seus graus

É a esses graus templários que a constituição do rito de perfeição (1758) veio acrescentar o complemento de todo o sistema maçônico. Esse rito é assim constituído:

1º Uma seção histórica e moral, em que o recipiendário revê a história do primeiro templo de Jerusalém, desde a sua construção até a sua destruição. Depois ele participa do descobrimento do verbo que, encarnando-se, vai dar nascimento ao Cristianismo e à Nova Jerusalém, de que o recipiendário se torna um cavaleiro.
Analogamente, essa seção histórica permite profundas dissertações morais sobre a queda e reintegração natural do ser humano.
2º Uma seção hermética, consagrada ao desenvolvimento das faculdades hiperfísicas do ser humano, que nas cerimônias iniciáticas reproduzia as fases do desdobramento astral e das adaptações alquímicas.
Esta seção se cingia a dois graus apenas do rito de perfeição: o *príncipe adepto* e o *príncipe do real segredo.*
3º A essas duas seções se juntava, como dissemos, a seção templária.

Analisemos rapidamente os 25 graus do rito de perfeição, para esclarecer ainda a classificação precedente.

Do 4º ao 15º graus, o presidente de Loja representa ou

Salomão, ou um de seus auxiliares, ou um de seus vassalos. Ocupa-se ou da construção do Templo, ou da vingança de Hiram ou de sua substituição.

Esta ideia de vingança é a que fez Rosen crer* que os graus de eleitos se referiam à *Santa Vehme*, um erro que um iluminado não poderia ter cometido. A *Santa Vehme* foi uma adaptação germânica dos vingadores pitagóricos, imitados por sua vez, dos vingadores de Osíris, como muito bem viu o autor de *Thuileur do escocismo*. Entretanto, l'Aulnaye não ultrapassou os pequenos mistérios e não compreendeu da iniciação senão o lado naturalista e o plano sexual, como o fazem hoje os clericais. O extrato seguinte nos esclarecerá sobre esse assunto:

> Se o terceiro grau da Maçonaria, o do mestre, nos oferece o quadro da morte de Hiram, como diz o *Arquiteto do Templo*, ou antes, da morte de Osíris, de Pan, de Tamuz, Grande Arquiteto da Natureza, com o primeiro eleito se escapa o primeiro grito de vingança, o qual Hórus exerceu contra os assassinos de seu pai, Júpiter contra Saturno etc. Este grande e permanente sistema de vingança, que se encontra mais ou menos expresso numa multidão de graus e notadamente no Kadosh, remonta aos tempos mais longínquos. Independentemente da interpretação que se lhe possa achar nas operações da própria natureza, que apresentam uma série

* *Satã desmascarado.*

de combates e reações entre o princípio gerador e o princípio destruidor, ele pertence sobretudo à teocracia, o mais antigo dos governos. Segundo as diferentes circunstâncias em que se encontram os fundadores das sociedades secretas, e segundo o espírito particular que os animava, eles fizeram a aplicação dessa vingança a tal ou qual lenda, a tal ou qual fato histórico. Daqui a diferença de ritos, mas os princípios fundamentais são sempre os mesmos*.

No 17º grau (*cavaleiro do oriente e do ocidente*), chegamos à tomada de Jerusalém pelos romanos e à destruição do Templo.

É então que encontramos o grau realmente cristão da Maçonaria. A esse grau deram os rosa-cruzes o nome de sua Ordem e nele encerraram a parte mais pura da tradição. Assim, os materialistas, que disso nada compreendem, dirão que esse grau é uma criação de jesuítas, e os jesuítas, irados de ver a cruz e o Cristo glorioso num Templo maçônico, dirão que esse grau é uma criação de Satã. Como se vê, satisfazem-se todos os gostos.

O grau de *Rosa-Cruz* maçônico é a tradução física dos mistérios que conduzem ao título de "irmão iluminado da Rosa-Cruz", título este que não pertence à Franco-Maçonaria, mas à sua criadora: a Sociedade dos Iluminados. Um rosa-cruz maçom, quando conhece bem o seu grau, pode ser considerado como um aprendiz iluminado

* De l'Aulnaye, *Thuileur Général*, p. 58 (nota).

e possui todos os elementos de um alto desenvolvimento espiritual, como veremos ao analisar esse grau.

A ROSA-CRUZ MAÇÔNICA

A iniciação ao grau de Rosa-Cruz maçônico requer quatro câmaras: a verde, a negra, a astral e a vermelha, que se reduzem, na prática, geralmente a três, suprimindo-se a primeira.

Negra	Astral
Verde	Vermelha

O tema do grau é a perda da palavra da qual depende a reconstrução do Templo. O recipiendário torna a encontrá-la; é o nome de N. S. Jesus Cristo: INRI. Graças a essa palavra, ele atravessa a região astral em sua seção inferior ou infernal e chega à câmara da purificação cristã e da reintegração.

Sob o ponto de vista alquímico, é a criação da pedra rubra pela descoberta das forças astrais, a saída da cabeça do corvo e a passagem à fênix ou ao pelicano.

Sob o ponto de vista moral, é o nascimento no homem da centelha do verbo divino, encerrado em sua alma pelo exercício da oração, da caridade, do sacrifício e da submissão a Cristo.

Retomemos a análise da iniciação.

A câmara *verde* lembra a primeira evolução do recipiendário nos graus simbólicos.

A câmara *negra* vai abrir-lhe as portas da segunda morte, e indicar uma mudança de plano. Está forrada de preto, com lágrimas de prata.

A destruição do primeiro Templo é representada por colunas quebradas e pelo solo juncado de instrumentos de construção. Apenas três colunas restam de pé e, no transparente que as domina, se lê: *fé*, ao sudoeste; *esperança*, ao sudeste e *caridade*, ao noroeste.

Ao oriente está um dos símbolos mais profundos, de preferência uma mesa coberta com um pano preto. Sobre ela se acham, além de outros instrumentos de construção material (compasso, esquadro, triângulo), o símbolo da criação, pelo homem, de seu ser espiritual: a cruz com uma rosa na intersecção de cada um de seus braços.

A mesa está colocada diante de uma cortina que, afastada, deixará perceber o Cristo crucificado, iluminado por dois fachos de cera de cor solar.

∴

É ali que o recipiendário tornará a encontrar a "palavra perdida", após haver tornado a criar em si a *fé*, baseada no trabalho pessoal, e depois a *caridade*, que lhe escancara os portais da *esperança* e da *imortalidade.*

Vai adquirir imediatamente a certeza simbólica desta imortalidade, pois, com o rosto coberto por um véu preto, ele penetra, *ajudado por aqueles que o precederam*, na câmara que chamamos "astral" e que geralmente se denomina "infernal".

A propósito disso, e para agradar ao Sr. Antonini*, dizemos que o que os católicos chamam o "inferno" é denominado o "plano astral inferior" pelos ocultistas. Para galgar o céu, é necessário atravessar o plano astral e triunfar, por sua pureza moral e por sua elevação espiritual, sobre as larvas e os seres que povoam essa região do invisível. A seus eleitos, o céu envia guias para passarem por essa região, e o autor de *Pistis Sophia* dá interessantes ensinamentos sobre esse assunto. Mas os ocultistas colocam as larvas e demônios em seus verdadeiros lugares e não os adoram, reservando suas preces para o Cristo ou a Virgem. É preciso triunfar sobre os demônios para chegar ao plano celeste, e não se triunfa senão seguindo os preceitos evangélicos, no Ocidente, ou seguindo as revelações dos mestres, no Oriente. Todo homem de bem, seja cristão, muçulmano ou budista, vai ao céu quando segue a palavra de Deus. Todo criminoso, seja papa, padre católico, judeu, protestante ou simples leigo de qualquer religião, vai conhecer os seres do plano astral até a dissolução de suas escórias, a menos que a divina piedade apague a matriz de suas faltas. Eis por que Dante viu vários papas no inferno.

Esta câmara astral está formada de uma tela transparente; em cada extremidade dela se encontra um esqueleto para bem indicar que a morte é a única porta de entra-

* Doutrina do mal.

da ou de saída dessa câmara. Sobre a tela, pintam-se larvas e seres astrais quaisquer, que o recipiendário percebe ao erguer o véu que lhe cobre a cabeça.

Ele chega assim à câmara *vermelha,* iluminada por 33 luzes.

Ao oriente, sob um dossel, o recipiendário percebe um admirável símbolo. No alto, uma estrela flamígera com a letra ש (*shin*) invertida, para indicar a encarnação do verbo divino na natureza humana. Embaixo está um sepulcro aberto e vazio, para mostrar que o Cristo triunfou sobre a morte, indicando assim o caminho a todos os que quiserem segui-lo.

É também nessa direção que se acha o estandarte do capítulo, em que está gravado o pelicano de pé em seu ninho e nutrindo os filhos com seu próprio sangue, que faz fluir de si espicaçando-se com o próprio bico. Esse pelicano leva ao peito a Rosa-Cruz. Esse é o símbolo do verdadeiro cavaleiro de Cristo; é a representação da ação incessante da luz divina que faz viver mesmo aqueles que cometem atrocidades em seu nome, tal qual o Sol que ilumina os bons e os maus espalhados pelas sete regiões planetárias de seu sistema.

As inscrições das colunas, *infinidade* e *imortalidade,* caracterizam a transformação espiritual das virtudes que iluminam a câmara negra.

Esta iniciação é apoiada por quinze pontos de instrução, que transformam sucessivamente o recipiendário em cavaleiro de Heredom, cavaleiro de guarda da torre e *rosa-cruz.* Essas instruções se baseiam nos pontos seguintes:

1º Mestrado;
2º Números 9, 7, 5 e 3;
3º Pedra angular;
4º Mistério da arca e da imortalidade (Enoque e Elias);
5º As montanhas de salvação, o Moriá e o Calvário, em todos os planos;
6º O *athanor* hermético;
7º As virtudes morais nascidas do esforço espiritual;
8º A resistência às paixões (guarda da Torre);
9º A simbólica astral;
10º A simbólica geral;
11º A simbólica mineral;
12º A Jerusalém cristã e o novo Templo universal;
13º As três luzes cristãs: Jesus, Maria, José;
14º A palavra perdida;
15º *Consumatum est.*

Enfim, os iluminados haviam transmitido à Maçonaria, nesse grau, seu sistema de redução cabalística dos nomes em suas consoantes com os cinco pontos representando a aprendizagem do iluminado.

Os graus seguintes continuam a pôr em ação a tradição histórica:

19º *grande pontífice*;

20º *grande patriarca;*
21º *grande mestre da chave;*
22º *príncipe do Líbano.*

Este último grau — *príncipe do Líbano* — tornou-se o *cavaleiro da real acha* do escocismo, e começa a série dos verdadeiros graus herméticos consagrados ao desenvolvimento das faculdades espirituais.

O tema iniciático desses graus herméticos se baseia na parte da vida de Salomão, em que este se entregou ao estudo da magia e alquimia. Vê-se, assim, Salomão submetido às provas da segunda morte, do abandono do verdadeiro Deus por causa dos ídolos e o seu retorno à real fé pela ciência. É uma repetição num outro plano da história alegórica dos graus precedentes.

Na Maçonaria de Perfeição, os graus herméticos estavam incluídos nos graus seguintes:

22º *príncipe do Líbano*;
23º *príncipe adepto*;
25º *príncipe do real segredo.*

Neste grau de príncipe adepto, tornado 28º do rito escocês, *cavaleiro do sol,* encontramos de novo os estudos históricos sérios que constituem a base de toda prática real.

É a propósito do escocismo, e por causa dos desenvolvimentos que ele deu a esses graus herméticos, que estudaremos detalhadamente esta seção.

Como se vê, o rito de perfeição continha todo o sistema maçônico, e as transformações que terá de sofrer não se basearão senão no desenvolvimento de graus existentes já no "Conselho dos Imperadores do Oriente e Ocidente". Passemos, pois, ao escocismo; mas antes, enumeremos as sete classes que compreendem os graus desse rito:

1ª classe - 1º, 2º, 3º.
2ª classe - 4º, 5º, 6º, 7º, 8º.
3ª classe - 9º, 10º, 11º.
4ª classe - 12º, 13º, 14º.
5ª classe - 15º, 16º, 17º, 18º 19º.
6ª classe - 20º, 21º, 22º.
7ª classe - 23º, 24º, 25º.

O ESCOCISMO

Razão de ser de seus novos graus. Iluminismo, reintegração e hermetismo

Chegamos ao escocismo propriamente dito, isto é, ao desenvolvimento dos últimos graus do rito de perfeição.

Como acabamos de dizer, os mistérios do desdobramento consciente do ser humano, aquilo que se tem chamado a *saída consciente do corpo astral* e que caracterizava o *batismo* nos Templos antigos, foram desenvolvidos para constituir os graus escoceses, acrescentados pelo Supremo Conselho de Charleston, por volta de 1802, ao sistema trazido por Morin.

Não é, pois, justo que nesses graus só se vejam inúteis superfluidades. Eles terminam a progressão do desenvolvimento do ser humano, dando-lhe a chave do uso das faculdades super-humanas, ao menos na via atual. Dizemos a *chave* porque uma iniciação não pode dar outra coisa.

Depois, que importa que estas luzes sejam dadas a homens que nelas não verão mais que um simbolismo ridículo, ou que seguem certos adversários clericais que nelas procurarão *phallus* e *cteis**, segundo seu hábito? É que possuem uma conformação cerebral tal que só veem isso por toda a parte, com um diabo qualquer como regente de orquestra.

A iniciação vai retraçar as fases diversas da travessia consciente dos planos astrais, com seus perigos, seus escolhos e seus coroamentos, que é o de franquear o círculo de ferro do inferno astral para se elevar, se for digna a alma, às diversas regiões celestes.

O tema representará, como temos dito, o recipiendário sob a figura de Salomão ocultista dirigindo Hiram e fazendo-o tomar parte pessoal nas operações.

O 22º grau, *cavaleiro da real acha,* se refere às preparações *materiais* das operações figuradas pelos copos de cedro sobre o monte Líbano e pela *acha* consagrada.

O 23º grau, *chefe do tabernáculo,* refere-se às indicações concernentes ao plano onde se vai operar, isto é, à natureza astral. A sala é perfeitamente redonda, iluminada por sete luzes principais e 49 = 13 (cifra da passagem

* Os órgãos genitais masculino e feminino, respectivamente. N. do T.

em astral) luzes acessórias. A palavra sagrada é IEVE; e a palavra de passe é o nome do anjo do fogo que deve vir ajudar o operador no começo de suas provas: URIEL. Esse grau mostra o erro dos operadores que, para ir mais depressa, apelam para forças inferiores do astral e se arriscam a perder a comunicação com o céu, deixando-se enganar pelo demônio, aqui figurado pelos ídolos a que sacrificou Salomão. O recipiendário deve sair triunfante deste primeiro contato com a região astral.

É então que ele aborda o plano onde estão gravadas as *matrizes astrais.* Vê a palavra de Deus, dos doze mandamentos e dos Evangelhos, escrita no livro eterno e acaba então a *primeira viagem em Deus* (palavra de passe, 24º grau).

É lá que ele atinge o plano de êxtase em que se encontrava Moisés quando viu acender-se a sarça ardente. Ele acaba de transpor o plano astral, aborda o plano divino e tem a primeira manifestação da harmonia celeste (25º grau). O recipiendário tem como sinal o da cruz; a palavra sagrada é Moisés, e a palavra de passe *Inri,* para indicar a união dos dois testamentos. As correntes que circundam o recipiendário indicam o peso da matéria e das escórias que paralisam a ação do espírito no plano divino, e a serpente de bronze, enrolada em torno da cruz, indica o domínio do plano astral (a serpente) pelo homem regenerado pelo Cristo (a cruz).

Os clericais não puderam, com grande pesar seu, encontrar o diabo neste grau. Também o omitem, geralmente, com o silêncio.

Prosseguindo sua evolução no plano invisível, o recipiendário atinge os diversos planos da região celeste (26º grau *escocês trinitário* ou *príncipe da mercê*). Ele vai passar pelo primeiro, segundo e terceiro céus, e em lugar dos demônios do plano astral, vai entrar em contato com os silfos e os "recebedores" celestes.

Também é necessário ouvir os murmúrios irônicos dos ignorantes que se ocupam desse grau e os jocosos comentários de certos clericais.

Mas prossigamos. O recipiendário recebe *asas* como a marca de sua ascensão até o plano divino. O catecismo contém estas frases características:

> P. — Sois mestre escocês trinitário?
> R. — Vi a *grande luz* e sou, como vós, *muito excelente,* pela *tripla aliança* do sangue de Jesus Cristo, de que vós e eu possuímos a marca.
> P.— Qual é essa tripla aliança?
> R. — A que o Eterno fez com *Abraão* pela circuncisão; a que fez com o Seu povo no deserto, por intermédio de Moisés, e a que fez com os homens pela morte e paixão de Jesus Cristo Seu filho querido.

No grau seguinte (27º), *grande comendador do Templo,* o recipiendário é admitido na Corte Celeste, e na joia se lê em letras hebraicas ונךו, isto é, INRI. O sinal consiste em formar uma cruz na fronte do irmão que o interroga.

Assim chegamos ao grau que encerrava primitivamente todos os precedentes, o de *cavaleiro do sol* (28º), o antigo "príncipe adepto" do rito de perfeição.

Esse grau simboliza a reintegração do espírito no Adão Kadmon, quando Deus o julgou digno disso. O recipiendário acha-se transportado no espaço intrazodiacal, onde se achava o homem antes de sua queda. Ele toma conhecimento dos sete anjos planetários que, depois da queda, presidem os destinos das sete regiões, pois se supõe achar-se o recipiendário no Sol. Ele vai começar a tomar conhecimento das forças emanadas desse centro. Vejamos primeiro as correspondências ensinadas neste grau, cuja palavra de passe, puramente alquímica, é *stibium:*

Miguel	*Pauper Dei*	Saturno	♄
Gabriel	*Fortitude Dei*	Júpiter	♃
Uriel	*Ignis Dei*	Marte	♂
Zeraquiel	*Driens Dei*	Sol	☉
Chamaliel	*Indulgentia Dei*	Vênus	♀
Rafael	*Medicina Dei*	Mercúrio	☿
Tsafiel	*Absconditus Dei*	Lua	☾

O 29º grau (*grande escocês de Santo André*) é essencialmente alquímico. Supõe-se que o adepto retornou à terra depois de sua ascensão ao mundo dos princípios, e é capaz de realizar a Obra-Prima.

A esse grau se adicionou, como palavra sagrada, um grito de vingança, o que mostra que se misturam alguns pontos do rito templário com o ensinamento hermético. Eis as palavras de passe desse grau, bastante claras a esse respeito:

Palavras de passe do 29º grau

Ardarel	Anjo do fogo
Casmaran	Anjo do ar
Tattiud	Anjo da água
Furlac	Anjo da terra

Entre os graus administrativos 31º, 32º, 33º, assinalaremos sobretudo o 32º, o antigo 25º do rito de perfeição: *príncipe do real segredo.*

É mister deixar de lado o falso Frederico deste grau, bem como o do 21º grau (Noaquita), por serem uma reconstituição simplesmente histórica de Santa Vehme.

O que nos interessa é a figura desse grau, "o selo". Nele vemos cinco raios de luz contornando um círculo e inscritos num outro círculo encerrado num triângulo circunscrito num pentágono, que reproduz a análise da esfinge, touro, leão, águia (de duas cabeças) e o coração inflamado e alado, tudo dominado pela pedra cúbica. Ao redor do selo estão os *acampamentos* simbolizando os centros de realização maçônica.

O grau 33º é, em parte, o desenvolvimento alquímico do *príncipe do real segredo,* e em parte, uma composição à maneira de Frederico, que não nos interessa. Constitui o grau administrativo dos centros maçônicos que podem ligar-se a um Iluminismo qualquer.

RESUMO GERAL E RECAPITULAÇÃO DOS GRAUS MAÇÔNICOS

O golpe de vista que acabamos de lançar na hierarquia dos graus maçônicos mostra-nos que eles constituem uma progressão real e harmônica, na qual se notam apenas algumas anomalias, como os graus noaquitas, compostos à revelia dos fundadores do sistema maçônico.

Esses graus simbólicos contêm, em estado embrionário, todo o sistema, porém os altos graus desenvolvem harmonicamente esse embrião, primeiro sob o ponto de vista histórico, passando em revista o povo judeu, depois o Cristianismo, o tribunal secreto, as Ordens de cavalaria e os Templários.

Esse sistema seria incompleto sem o coroamento verdadeiramente oculto que abre ao iniciado novas concepções sobre a saúde do ser humano pela prece, a devoção (18º) e a caridade, que conduzem às provas da segunda morte e à percepção do plano divino após haver triunfado sobre as tentações infernais do plano astral. Os iluminados têm, pois, pessoalmente, dado à sua obra todos os seus desenvolvimentos e igualmente poderão reconstituí-la se ela descambar para o materialismo e ateísmo.

O quadro seguinte resumirá o sentido geral dos diferentes graus:

Graus simbólicos 1º, 2º e 3º	História sintética do homem.
Graus históricos 4º ao 22º	Construção do Templo de Jerusalém. Cativeiro. Libertação. Queda de Jerusalém e destruição do Templo. O Cristianismo (18º). Nova Jerusalém.
Graus templários 13º, 14º, 21º e 30º	Tribunal secreto, cavaleiros e Templários.
Graus herméticos 22º a 33º	Primeiras provas do adepto. O adepto entra em contato com a serpente astral. *Desdobramento* O adepto triunfa sobre a serpente e se eleva ao plano divino. O triunfo hermético. Reintegração e retorno consciente ao plano físico

A evolução progressiva desses graus aparece-nos, pois, da maneira seguinte, de acordo com o quadro anterior:

1º Três graus simbólicos.
2º Três altos graus templários de Ramsay, que devem ser colocados diante do 13º, 14º e 30º.
3º Constituição dos graus históricos, desenvolvimento da história de Salomão e da construção do Templo de Jerusalém, do 4º ao 15º; destruição do Templo e reconstituição da Nova Jerusalém pelo Cristianismo, do 15º ao 22º.

4º Coroamento dos graus históricos pelos graus do hermetismo, abrindo uma porta para o Iluminismo cristão, 22º ao 25º.

Tal é o resumo do rito de perfeiçao.

Nos 25 graus do rito de perfeição, o Supremo Conselho de Charleston introduziu as seguintes mudanças:

Foram adicionados novos graus, que são: o *chefe do tabernáculo* (23º), o *príncipe da mercê* (24º), o *cavaleiro da serpente de bronze* (25º), o *comendador do Templo* (26º), e o *cavaleiro do sol* (27º). O *príncipe do real segredo* ocupa os graus 28, 29, 30, 31 e 32; o *Kadosh,* o grau 28, e o *soberano grande inspetor geral* o 33º e último.

Com a chegada de Grasse-Tilly em Paris, foi adotada uma nova disposição que rege ainda o escocismo. Ei-la aqui, em suas grandes linhas: (24º) o príncipe da mercê se tornou o *príncipe do tabernáculo;* o comendador do Templo se tornou o *escocês trinitário* (26º); o cavaleiro do sol se tornou o 28º grau e foi substituído pelo *grande comendador do Templo;* o 29º grau foi o *grande escocês de Santo André,* e o de Kadosh (antigo 24º do rito de perfeição e 28º de Charleston) se tornou definitivamente o 30º grau.

O grau 31º foi o *grande inspetor;* o *príncipe adepto* constituiu o 32º, e o *soberano grande inspetor geral,* o 33º e último grau. Enfim, o grau de Noaquita, o 21º, substituiu em toda a parte o grão-mestre da chave do rito de perfeição.

Quadro sinóptico dos graus maçônicos e seus correspondentes títulos hierárquicos

1. Aprendiz	(Rito de perfeição)	(Supremo Conselho de Charleston)	(Convênio de Losane)
2. Companheiro	(Rito de perfeição)	(Supremo Conselho de Charleston)	(Convênio de Losane)
3. Mestre	(Rito de perfeição)	(Supremo Conselho de Charleston)	(Convênio de Losane)
4. Mestre	Mestre secreto	(Supremo Conselho de Charleston)	(Convênio de Losane)
5. Mestre	Mestre perfeito	(Supremo Conselho de Charleston)	(Convênio de Losane)
6. Mestre	Secretário íntimo	(Supremo Conselho de Charleston)	(Convênio de Losane)
7. Mestre	Preboste e juiz	(Supremo Conselho de Charleston)	(Convênio de Losane)
8. Mestre	Intendente dos edifícios	(Supremo Conselho de Charleston)	(Convênio de Losane)
9. Mestre	Eleito dos nove	(Supremo Conselho de Charleston)	(Convênio de Losane)
10. Mestre	Eleito dos quinze	(Supremo Conselho de Charleston)	(Convênio de Losane)
11. Mestre	Ilustre eleito	(Supremo Conselho de Charleston)	(Convênio de Losane)
12. (Ramsay)	Grão-mestre arquiteto	(Supremo Conselho de Charleston)	(Convênio de Losane)
13. Escocês	Real arco	(Supremo Conselho de Charleston)	(Convênio de Losane)
14. Noviço	Grande eleito (antigo mestre perfeito)	Perfeição	(Convênio de Losane)
15. Noviço	Cavaleiro da espada	Cavaleiro do oriente	(Convênio de Losane)
16. Noviço	Príncipe de Jerusalém	Cavaleiro do oriente	(Convênio de Losane)
17. Noviço	Cavaleiro do oriente e ocidente	Cavaleiro do oriente	(Convênio de Losane)
18. Noviço	Cavaleiro rosa-cruz	Cavaleiro do oriente	(Convênio de Losane)
19. Noviço	Grande pontífice	Cavaleiro do oriente	(Convênio de Losane)
20. Noviço	Grande patriarca	Grão-mestre de todas as Lojas	Ven. G. M. das Lojas
21. Noviço	Grão-mestre da chave	Patriarca Noaquita	Noaquita
22. Noviço	Príncipe do Líbano	Real acha ou príncipe do Líbano	Cavaleiro da real acha
23. Noviço	Príncipe do Líbano	Chefe do tabernáculo	Chefe do tabernáculo
24. Noviço	Príncipe do Líbano	Príncipe da mercê	Príncipe do tabernáculo
25. Noviço	Príncipe do Líbano	Cavaleiro da serpente de bronze	Cavaleiro da serpente de bronze

26. Noviço	Príncipe do Líbano	Comendador do Templo	Escocês, trinitário
27. Noviço	Príncipe do Líbano	Cavaleiro do sol	Grande comendador do Templo
28. Noviço	Príncipe adepto (23)	Kadosh	Cavaleiro do sol
29. Noviço	Príncipe adepto (23)	Kadosh	Grande escocês de Santo André
30. Cavaleiro do Templo	Cavaleiro comendador da Águia Branca e Negra (24)	Príncipe do real segredo	Kadosh
31. Cavaleiro do Templo	Cavaleiro comendador da Águia Branca e Negra (24)	Soberano grande inspetor geral	Grande inspetor
32. Cavaleiro do Templo	Soberano príncipe da Maç.·. sublime comendador do real segredo (25)	Soberano grande inspetor geral	Sublime príncipe do real segredo
33. Cavaleiro do Templo	Soberano príncipe da Maç.·. sublime comendador do real segredo (25)	Soberano grande inspetor geral	Soberano grande inspetor geral

3. Dos símbolos e sua tradução

Uma palavra sobre a tradução dos símbolos em todas as suas adaptações.

Um símbolo é a imagem material de um princípio a que ele se liga analogicamente. Por conseguinte, o símbolo exprime toda a escala analógica das correspondências de sua classe, das mais elevadas às mais inferiores.

É assim que um grosseiro sectário poderá dizer que a bandeira francesa não passa de um cabo de vassoura pintado sustendo três farrapos coloridos. Nesse caso ele materializa, para aviltar, a ideia tão bela e tão pura da representação simbólica da Pátria.

Assim este processo de degeneração, que consiste em dar aos símbolos sua correspondência analógica mais trivial, será empregado com entusiasmo por certos adversários da Maçonaria ao analisarem os símbolos maçônicos.

O princípio criador ativo e o princípio gerador passivo, simbolizados na Igreja Católica pela ação do Pai e do Filho, têm, como correspondência sexual inferior, o *phallus* e o *cteis*. Não têm também certos clericais deixado de dizer a seus leitores que todo o simbolismo maçônico, ou toda a tradição iniciatória dos iluminados, se reduzia à representação desses órgãos? Eis aí a ignorância ou a má-fé, e só nos cabe sacudir os ombros diante de tais processos.

Que diriam eles se contra si próprios se invertesse o seu processo, demonstrando-lhes que, segundo a sua mentalidade, se poderia dizer que o asperges é uma imagem do *phallus* fecundador, e que a água-benta representa, nesse caso, a emissão da substância geradora? Que outra coisa não é o báculo do bispo e que os cálices são representações de *cteis*?! Que diriam então os homens realmente instruídos sobre essas grosseiras analogias? Diriam que era dar prova de um singular estado mental, bem vizinho da senilidade.

Parece-nos, assim, que um serviço a prestar aos escritores católicos é rogar-lhes que estudem um pouco melhor o que se entende por uma escala de correspondências analógicas, e não considerem os símbolos, mesmo maçônicos, sob tal prisma grosseiro, pois se arriscam a fazer com que outros façam o mesmo com os seus, o que não seria espiritual nem verdadeiro tanto de um lado como do outro.

Eis algumas notas sobre o simbolismo das cores empregadas para as armações, segundo a palavra sagrada que atribuímos a l'Aulnaye.

O branco é consagrado à divindade; o preto, a Hiram e a Cristo* e também se encontra no *mestre*, no *eleito, no*

* Em nosso parecer, o preto indica sobretudo a passagem de um plano para outro, a ressurreição através da morte. Daí essa consagração a Cristo e ao simbólico Hiram.

Kadosh e na *Rosa-Cruz.* O verde, emblema da *vida e* da *esperança,* é também *Zorobabel;* eis porque é a cor do *mestre perfeito* e do *cavaleiro do oriente.* O vermelho pertence a Moisés e, sobretudo, a Abraão; com esse título, é a cor especial do escocês. Enfim o azul, que, como símbolo da morada celeste, é a cor do *sublime escocês,* atribuída, entre os patriarcas, a Adão, criado na inocência à imagem de Deus e habitando o jardim do Éden*.

Como símbolo da *palavra primitiva,* Jeová pertence especialmente ao *antigo mestre perfeito* e, como *palavra reencontrada,* ao verdadeiro escocês, consagrador do sacerdote de Jeová, ou da antiga lei, em oposição à nova. Reencontra-se particularmente no real arco, no escocês da perfeição, no mestre *ad Vitam,* no eleito, no eleito supremo, nos escoceses da Prússia, de Montpellier, no interior do Templo etc.**.

O GRITO DE ALARMA

É em consequência de um erro capital que a Franco-Maçonaria francesa, impelida sem o saber por agentes estrangeiros, se deixou envolver nas lutas políticas. Mostrou-se-lhe o espectro do clericalismo, como se mostra o pano vermelho ao touro. Exaltaram-se as tendências materialistas de seus membros sob o pretexto de os tornar "espíritos

* Ragon, Jean Marie. *Thuileur général de la Franc-Maçonnerie,* p. 73 (nota).

** *Idem, ibidem,* p. 89.

livres" e "homens de razão". E do anticlericalismo ao ateísmo não havia senão um passo que os ingênuos logo deram. De que servia falar deste "Grande Arquiteto do Universo", que devia ser ainda algum produto "da ignorância e da superstição"? Qual a utilidade destes símbolos, "vãs lembranças de uma idade de escravidão e obscurantismo"? E apagou-se o *Grande Arquiteto* das pranchas e dos diplomas; e reduziram-se os símbolos à inteligência dos "tamboretes de café" incumbidos de os explicar.

O plano do estrangeiro foi realizado. Esses homens "livres", esses "seres de raciocínio brilhante e esclarecido", foram apresentados ao resto do mundo como celerados e suficientemente vis para desprezar o *Grande Arquiteto*. E, imediatamente, a palavra de ordem passou rápida como relâmpago por todas as Lojas do mundo, que fecharam suas portas, como por encanto, aos "livres-pensadores franceses", por sua vez indignados de achar por toda a parte "maçons ainda atados aos erros do passado".

Todavia, com os franceses atilados não se brinca como com as crianças. Por isso suas relações com o resto das reuniões maçônicas do mundo foram cortadas por sua grande maioria. Não restaram mais que alguns capítulos escoceses e alguns areópagos capazes de manter o laço com a Maçonaria universal, e trabalhou-se cerradamente para romper esse último cordão.

Mas o *invisível* velava. São os iluminados que criaram a Maçonaria e que escolheram a França como centro superior no visível, como o é no invisível. Foram assim os iluminados que salvaram mais uma vez os cegos e surdos...

Que os membros do Supremo Conselho Escocês, que lerem estas linhas, reflitam um pouco e saiam, por um instante, da atmosfera estreita das querelas pessoais e das questiúnculas monetárias.

A salvação da obra paciente de seus predecessores está em suas mãos, e nosso papel deve limitar-se a lançar o grito de alarma.

Quanto ao mais, já sabem tudo, e nada temos a ensinar-lhes. Podemos ter plena e total confiança em sua clarividência e patriotismo.

4. Discurso de iniciação maçônica

GRAU DE APRENDIZ (1º GRAU)

Meu irmão,

Hoje ingressais numa sociedade nova. Em outras sociedades, atualmente organizadas nos países civilizados, fazem-se admissões ou diretamente ou mediante a apresentação feita por padrinhos, e sem nenhuma cerimônia especial.

Entre nós, assististes a cerimônias, a provas e a interrogatórios que talvez vos hajam parecido estranhos numa época tão positiva como a nossa. Em lugar de uma sala nua e de homens como se veem na vida civil, vos achais envolvido por símbolos, os homens aqui presentes estão adornados de listões simbólicos, e os irmãos que vos rodeiam vos exibem igualmente objetos relacionados com o ofício de construtor. Tudo isso tem por objetivo mostrar-vos que, a partir deste dia, sois convocados para a função gloriosa, mas às vezes difícil, de construtor social. Enquanto os ignorantes, sectários e os semi-instruídos vos têm professado a destruição sob todas as formas, o centro em que ingressais vos vai ensinar a distinguir o que é preciso destruir e o que é preciso, ao contrário, construir.

Materialmente, vos é apresentada uma pedra bruta cujos ângulos precisareis arredondar para produzir obra pessoal. Tereis assim de desbastar a pedra bruta, de desembaraçar o futuro material de construção das arestas e espinhos que possam envolvê-lo, apresentando-o assim ao arquiteto, completamente pronto para entrar no edifício. Mas esta construção, como a que vos rodeia, é simbólica; não é numa estrada aberta a todos os ventos que tereis de construir vosso edifício, mas é nos cérebros humanos, nos corações dos homens que não recebem a luz de nossos aposentos, que tereis de exercer a vossa ação. Mas para fazer obra útil é necessário serdes progressivamente convocado a manejar instrumentos simbólicos, que são colocados em vossas mãos. O *nível* não passará de um instrumento sectário de destruição se sua ação não for equilibrada pela *régua,* e a *trolha* não será realmente fecunda se não servir para executar o plano do arquiteto. Eis porque existem vários graus na instrução dos membros da grande família maçônica.

Hoje sois aprendiz construtor. Revestido do avental simbólico, ouvireis e aprovareis as conquistas que vos precederem na estrada.

Amanhã, consciente de vossa força intelectual, tendo manifestado vosso desejo de passar das obras materiais para as obras do espírito, a ciência tradicional da Maçonaria vos abrirá seus símbolos e seus livros no segundo grau de nossas dignidades.

No instante franqueia-se a vós a grande família dos

irmãos conhecidos e desconhecidos. Aprendei a conhecer o espírito maçônico, a afastar de vós a falsa ciência e o sectarismo. Combatei os prejuízos, esclarecei todo cérebro denegrido pelo obscurantismo e tornai-vos digno de ser uma destas luzes ocultas que iluminam a humanidade.

5. Discurso de iniciação maçônica

GRAU DE COMPANHEIRO (2º GRAU)

Meu irmão,

Como aprendiz, fizestes três viagens. Na primeira, ao vosso redor imperava a desordem e atravessastes variados obstáculos. Na segunda, feriu-vos os ouvidos um inquietante estrépito de armas, e quando, após a terceira, se fez a luz diante de vós, vistes vossos irmãos, armados e reunidos, prontos para vos proteger e vos defender na nova senda que iniciais.

Depois de semanas de estudos, vosso cérebro se desembaraçou pouco a pouco dos prejuízos e erros da sociedade profana. Aprendestes a pensar por vós mesmo, a exprimir vosso pensamento e, consciente de vossa evolução intelectual, sois hoje digno de um aumento de salários.

Para compreender os mistérios do segundo grau da ciência maçônica, realizastes, como os antigos companheiros, várias viagens.

Primeiro, armado de instrumentos de demolição — *o malho* e *o cinzel* — atacastes simbolicamente os erros onde quer que vos chocassem a consciência. Em seguida, munido do *compasso* e da *régua*, começastes a traçar a prancha de vossos futuros trabalhos. Depois, graças à *alavanca* e à *régua*, iniciastes materialmente a construção do edifício. Finalmente, graças à *régua* e ao *esquadro*, pudestes construir vosso edifício de modo normal e de maneira a desafiar o tempo. Estava, então, terminada a obra material.

Na quinta viagem, não tínheis mais o instrumento material e passou-se a exigir-vos a tradição intelectual.

Outrora, os homens livres, querendo pensar livremente, eram punidos pelas organizações tirânicas dos potentados e dos sacerdotes. Foi então que algumas almas altivas fundaram estas associações de iniciados leigos que, à imitação das grandes fraternidades egípcias, estabeleciam por todo o planeta um laço misterioso, unindo as inteligências independentemente de nacionalidades, cultos e seitas. Certos sinais, conhecidos apenas dos irmãos, lhes permitiam comunicar-se entre si de maneira discreta e reconhecer-se na sociedade profana. É graças ao conhecimento destes sinais que Platão foi libertado por seu irmão que ele havia encontrado. É graças a essas fraternidades misteriosas que, depois da ocupação do Egito por Roma, os iniciados leigos, os descendentes dos pitagóricos, mais tarde os essênios, conservaram na terra esta cadeia invisível ligando entre si os homens libertados da servidão.

Reunindo-se, esses irmãos recebiam os noviços como outrora eram acolhidos nos templos do Egito.

Ao lado da luz visível, aprendia-se a existência de uma luz invisível, fonte de forças e energias desconhecidas. É a luz secreta que ilumina todo homem vindo a este mundo, e que foi representada pela estrela de cinco pontas, símbolo do homem irradiante de luz misteriosa e representado no maravilhoso emblema da *estrela flamígera*!

Meu irmão: ide estudar a história dessas antigas fraternidades. Para compreender a ciência maçônica, precisais penetrar intelectualmente nestes antigos mistérios; precisais descobrir o laço que, desde os tempos de Tebas, através das fraternidades pitagóricas, dos essênios, dos primeiros joanitas, dos irmãos escapos de Constantinopla por ocasião da queda dessa cidade, desce até nós pelos trovadores, os livres-pensadores, os alquimistas, os Templários, os iluminados e os modernos ritos maçônicos.

Não negligencieis, meu irmão, este estudo intelectual. Sem este trabalho, que deve ser vossa obra pessoal, a Franco-Maçonaria vos permaneceria incompreendida e como um livro fechado. Com exceção de alguns raros irmãos, que porão seus conhecimentos à vossa disposição, a Loja será de pouca utilidade para vós neste ponto de vista.

Até o presente fostes guiado; começai agora a andar sozinho. Instruí-vos de maneira positiva e sereis então uma verdadeira estrela flamígera, expandindo a adquirida luz sobre os irmãos e os profanos que apelarão para o vosso devotamento e saber.

6. Discurso de iniciação maçônica

GRAU DE MESTRE (3º GRAU)

Primeiro — antes da iniciação

Meu irmão,

Quando solicitastes fazer parte da Franco-Maçonaria, detivestes-vos por algum tempo numa câmara em que o símbolo da morte vos foi apresentado sob diversas formas. É morrendo para os prejuízos, para o obscurantismo, para todos os erros ancestrais ou sociais que vos tornastes franco-maçom.

Hoje, vosso trabalho sustido, vosso zelo pela Ordem, vosso devotamento a vossos irmãos, nos permitem convidar-vos para participar dos mistérios mais profundos e iniciar-vos no grau de mestre. Esse grau é talvez o que dentre todos representa mais maravilhosamente os antigos mistérios do Egito.

Outrora, o iniciado nos mistérios de Osíris aprendia, além da existência de forças misteriosas que vos revelou o grau de companheiro, a possibilidade para o homem viver uma vida diferente da vida física. Ensinava-se-lhe que a entrada e a saída da existência terrestre são guardadas pelo terrível mistério da morte. Para exprimir simbolicamente esse mistério, o iniciado era envolvido em faixas e colocado num ataúde; ao seu redor se ouviam cantos tristes e majestosos, e depois ele renascia. Era-lhe revelada uma luz nova, e seu cérebro, dinamizado pelo vencimento do terror da morte, abria-se a ideias mais nobres, a devotamentos mais sublimes.

Hoje, as ciências profanas, graças ao devotamento dos irmãos que nos precederam, transformaram a vida social. O manejo das forças físicas saiu das antigas universidades, dos templos fechados, para entrar nos laboratórios e, tal qual o pelicano simbólico a dar seu sangue para nutrir sua prole, o sábio contemporâneo, o verdadeiro vidente na humanidade ainda cega, propicia aos profanos sua ciência e seu devotamento.

Mas a tradição dos símbolos é também uma ciência viva. Ela permite, ao que a possui, adaptar seus conhecimentos às necessidades de seus irmãos, reerguer uma sociedade que fracassava, suster um coração desanimado e projetar a luz onde as trevas reinavam soberanas.

Outrora, repetia-se ao iniciado a história de Osíris, sua dilaceração, sua reconstituição por Ísis; e as danças simbólicas dos iniciadores revelavam os mistérios que a palavra era incapaz de traduzir.

Cada centro instrutor possuía uma história simbólica — lenda aparentemente frívola para os não iniciados — que servia de base a todo ensinamento dos mistérios.

A Franco-Maçonaria, herdeira direta dessas antigas Fraternidades iniciáticas, não faltou a este dever. Vamos, meu irmão, repetir-vos a Lenda de Hiram. Se não a houvéssemos precedido das considerações que acabamos de desenvolver, essa lenda pareceria um relato banal de coisas antigas e pouco interessantes, e a vossa atenção não seria incitada a quebrar-lhe a casca para achar no centro do fruto a amêndoa nutritiva, libertadora de vossa intelectualidade.

A Lenda de Hiram contém a chave das maiores adaptações simbólicas que a Ordem Maçônica tem de conseguir. Sob o ponto de vista social, a adaptação da inteligência aos diversos gêneros de trabalho, a divisão das forças sociais concorrendo com a harmonia do todo, o lugar dado ao mestre por seu saber, são todos ali desenvolvidos. Sob o ponto de vista moral se ensina a lei terrível que faz com que aquilo que haveis sustentado, que haveis construído, que haveis salvo, se revolte contra vós e vos procure matar, pois, segundo a fórmula do animal humano, "o iniciado matará o iniciador". Praticamente, enfim, a certeza de que todo sacrifício é a chave de uma floração futura é o ramo da acácia que guiará os irmãos para o túmulo daquele que se sacrificou por eles. Tudo isso é eternamente vivo para um cérebro que compreende e indica um ensinamento que pode sempre ser transmitido através da humanidade, qualquer que seja a evolução da sociedade profana.

Que nossos antigos irmãos do século dezoito tenham visto nessa lenda uma representação mística da marcha do sol; que outros tenham ali descoberto adaptações filosóficas, isso pouco importa, pois toda lenda verdadeiramente simbólica é uma chave universal, adaptável a todas as manifestações físicas, morais e espirituais.

Agora, meu irmão, compreendereis a razão de ser dos mistérios de que ides participar, e sabereis por que a Franco-Maçonaria deve respeitar a tradição e os símbolos que foram confiados a seus mestres iniciadores.

Segundo — após a iniciação

A partir deste dia, sois um verdadeiro elo da cadeia universal constituída em toda a Terra pela Franco-Maçonaria. A partir deste dia, participareis das reuniões da câmara do meio, onde se reúnem física ou misticamente os arquitetos da sociedade futura, para dar à humanidade, cada dia, um pouco mais de luz, um pouco mais de bem-estar e um pouco mais de razão.

Participando da obra universal da Franco-Maçonaria, tendes direito à assistência no universo inteiro. Onde quer que estejais, quaisquer que sejam as opiniões do povo em cujo meio permaneceis, qualquer que seja a sua linguagem, fazei um sinal e nossos irmãos correrão para vós.

Triunfastes da morte. Novo Hiram da anunciação social, vós ides, agora, estabelecer conscientemente o plano de vosso monumento intelectual, pois não sois mais o *aprendiz* que se esforçava para desbastar a pedra mal talhada; não sois mais o *companheiro* que, forte em ensinamentos intelectuais e tradições maçônicas, tinha constituído seu dinamismo cerebral. Vós sois o *mestre*, consciente de sua personalidade, chamado a exercer, na Ordem, todas as funções administrativas das Lojas; a dirigir os aprendizes em suas pesquisas intelectuais, e os vossos colegas — os mestres —no traçado de suas pranchas simbólicas.

Vossa responsabilidade aumenta na própria razão da extensão de vossas funções. Se a Ordem vos assegura, por toda a parte, passagem e proteção, ela espera de vós um esforço contínuo, um trabalho sem esmorecimento para a libertação das inteligências oprimidas, e uma coragem a toda prova se for preciso arriscar alguma coisa para salvar um de vossos irmãos.

Espalhai, pois, por toda a parte, a luz que recebestes. Procurai nas sociedades profanas as inteligências livres, os corações elevados, os espíritos ousados que, fugindo dos entraves da vida fácil e dos prejuízos, buscam uma vida nova e podem ser elementos poderosos para a difusão das ideias maçônicas. Aprendei a dirigir-vos por vós mesmos, a fugir de todo sectarismo. E se combateis os erros e as superstições que os diversos sacerdotes impõem à humanidade ainda na infância, sabei ser sempre tolerante, não vos torneis um sectário odioso aos seres humanos.

Filósofo, isto é, amigo da sabedoria, sabei conservar sempre o equilíbrio mental que caracteriza o homem são de espírito. Lembrai-vos de que Hiram assentou suas duas colunas e que o capitel da entrada do templo repousa harmoniosamente sustentado por *Bohaz* e *Jachin*, isto é, pela *força* e *estabilidade*.

Não se construiu o edifício apoiando-o numa só coluna. Assim, pois, na construção intelectual que tereis de empreender, sabei equilibrar sempre os ensinamentos da razão com os devotamentos do coração. Lembrai-vos que a Franco-Maçonaria vem em auxílio dos infelizes, quaisquer que sejam as suas opiniões, e que, em sua ação sobre a sociedade profana, ela liberta as consciências e ao mesmo tempo reergue a coragem daqueles que não esperam mais. E se na vida alguns traidores querem fazer desaparecer vossa obra; se, como Hiram, estais prestes a receber o golpe do malhete fatal da parte dos inconscientes ou dos revoltados, lembrai-vos de que todos os irmãos presentes vos saberão defender. Lembrai-vos de que os mestres dedicados seguirão, mais tarde, as pegadas de vossas obras e que o ramo da acácia servirá para reconhecer vossos esforços pelo desenvolvimento de nossa Ordem e manifestação de vossos recursos intelectuais.

Trabalhai, meu irmão. Adquiri a consciência de vossos novos deveres, e se o desencorajamento entrar em vossa alma, ao perder vosso espírito a força de luta, recordai-vos deste dia solene, e dizei: "Não! Não faltarei à minha missão. Não! A covardia não me encadeará o espírito. Não! Deter-me-ei em minha missão de progresso, pois a acácia me é conhecida".

7. Símbolos da Franco-Maçonaria. A Lenda de Hiram

A ACÁCIA ME É CONHECIDA

Os símbolos da ciência oculta, conservados até nossos dias pela Franco-Maçonaria, podem ser divididos em duas classes:

Uns, como os painéis das Lojas, os hieróglifos, as cores, as cerimônias, não são compreendidos pela maioria dos filiados senão em seu sentido mais grosseiro, quando compreendidos.

Outros, encerrados em alguns relatos como os da morte de Hiram ou de J. B. de Molay, não são ainda entendidos em várias de suas significações. É de um destes últimos símbolos, a Lenda de Hiram, que vamos nos ocupar.

A origem dessa lenda é bastante interessante, pois marca a origem real da Franco-Maçonaria. Ei-la, pois, segundo Ragon:

"Neste mesmo ano (1646), se reúne na sala de sessões dos *franco-maçons* em Londres, uma sociedade Rosa-Cruz, formada depois das ideias de *Nova Atlantis,* de Bacon. Ashmole e os demais irmãos da Rosa-Cruz, tendo reconhecido que o número de operários manuais havia excedido ao dos operários intelectuais, e que, enquanto o coeficiente dos primeiros aumentava diariamente, o dos segundos diminuía continuamente, pensaram que era chegado o momento de renunciar às fórmulas de recepções destes operários, que consistiam apenas em algumas cerimônias mais ou menos semelhantes às usadas entre os verdadeiros profissionais, as quais tinham, até então, servido de abrigo aos *iniciados* para associar *adeptos.*

Por meio das tradições orais de que se serviam para seus aspirantes às ciências ocultas, eles substituíam essas fórmulas por um processo escrito de iniciação, calcado nos antigos mistérios do Egito e da Grécia, e o primeiro grau iniciático foi escrito mais ou menos tal como nós conhecemos. Havendo esse primeiro grau recebido a aprovação dos iniciados, o grau de companheiro foi redigido em 1648, e o de mestre, pouco tempo depois. Mas a decapitação de Carlos I em 1649 e o partido tomado por Ashmole a favor dos Stuarts trouxeram grandes modificações a esse terceiro e último grau, tornado bíblico, tomando-se totalmente por base esse hieróglifo da natureza simbolizado pelo fim de dezembro*."

Isso parece, à primeira vista, contradizer certas de minhas afirmações anteriores sobre a origem da doutrina maçônica**, mas refletindo um pouco, é fácil ver aqui, ao contrário, a confirmação de minhas palavras.

* Ragon. *Orthodoxie maçonique,* p. 29.
** *Théosophes et francs-maçons* (nº 5 do *Lotus*).

Qual é, com efeito, o fio pelo qual esta nova sociedade de 1648 se liga à antiga ciência oculta, de uma parte, e aos Templários, de outra?

Lede a biografia de Ashmole e encontrareis nesse homem admirável um egiptólogo erudito e, bem melhor, um hermetista notável, um descendente de João Dee, o alquimista de Londres, autor da *Monas hieroglyphica.*

Ashmole é um iniciado dos alquimistas, e como tal, manejará o símbolo com mão de mestre.

Vede, por outro lado, essa menção dos rosa-cruzes, os verdadeiros, os que deram nascimento à Franco-Maçonaria, e reconhecereis neles, sem dificuldade, estes misteriosos desconhecidos que os "irmãos" deviam, mais tarde, desconhecer tanto.

Entretanto, não nos afastemos do assunto que nos interessa e voltemos à Lenda de Hiram, cujo autor principal, Elias Ashmole, conhecemos.

Como se distingue a Lenda de Hiram de um conto de fada qualquer, e por que podemos designá-la sob o nome de história simbólica?

História simbólica é uma história combinada de tal modo que a evolução dos personagens indica exatamente a evolução da natureza.

Há mitólogos modernos que fizeram malabarismos para mostrar que todas as histórias referentes a divindades hindus, egípcias, gregas, romanas e mesmo a Cristo, não passavam de representações mais ou menos perfeitas da marcha do sol. Daí o nome de mitos solares dado a todos esses relatos.

Isto é verdadeiro com a condição de não se ver ali apenas este sentido astronômico. Um dos métodos da ciência oculta, a analogia, nos vai esclarecer completamente este assunto.

Sendo a Lenda de Hiram uma história simbólica, vejamos a razão de ser desse gênero de símbolos, e poderemos melhor compreender os comentários que daí deduzirmos.

Se é verdade que uma mesma lei governa todos os fenômenos da natureza, expor um desses fenômenos é expor todos os outros. Eis as bases da analogia.

Tomemos três exemplos para explicar isso: a evolução de um grão de trigo, a marcha do sol, a fabricação da pedra filosofal, e vejamos se esses três fatos não são governados pela mesma lei.

O grão de trigo destina-se a produzir uma espiga completa. Mal é semeado na terra, trava-se uma luta violenta entre o germe que ele contém e os elementos exteriores. Em certo momento o grão de trigo fica podre, parece morto para sempre; é precisamente nesse momento que ele está mais vivo do que nunca. Do seio desta podridão, desta negrura, deste caos, se ergue o novo ser, que se dirige para a luz; isso feito, o grão de trigo acaba de adquirir sua imortalidade nos numerosos rebentos que vai produzir.

O Sol destina-se a dar vida a todos os seres planetários que gravitam ao seu redor, assim como a tudo o que os cobre. Mal começa seu curso fecundante, trava-se uma luta na terra entre suas boas influências e as geadas.

O inverno triunfa logo após, não mais o Sol benfazejo... Ele está morto para sempre!

No entanto, é quando a morte parece mais triunfar que a vida possui sua maior força. Quando o inverno, orgulhoso de sua crueldade, crê ser para sempre o senhor, a criança gestante sob sua branca mortalha triunfa afinal. O inverno cai ante a primavera radiosa que se levanta, imortalizando por toda a parte os germes da procriação.

A pedra filosofal destina-se a produzir a grande obra do homem. Mal os elementos que a constituíram se apresentam, trava-se uma luta entre eles. As belas cores desaparecem e a massa parece apodrecida para sempre; tudo fica negro como a cabeça de um corvo. É então que o ignorante se desola e que o sábio se regozija. Do seio desse caos surge, ao fim de algum tempo, a brancura esplendente, o índice de vida; as cores aparecem progressivamente, e os elementos da pedra acabam de se tornar imortais nas transmutações que produziram.

Não é muito difícil perceber nesses três fenômenos uma lei, a da luta da vida contra a morte, cujas fases se podem assim enunciar:

Primeira fase:

A luta se estabelece entre a vida e a morte. A vida é mais fraca e cede à morte.

Materialização progressiva: o grão de trigo apodrece. O outono aparece com o degelo. Alteram-se as cores da obra.

Segunda fase:

A morte parece triunfante. É então que a vida luta com mais força.

Equilíbrio entre a *materialização* e a *espiritualização*: o germe é incubado pela podridão. O inverno abriga os filhos da primavera. Cores brilhantes vão sair na negrura.

Terceira fase:

A vida triunfa por sua vez. A morte é de novo vencida.

Espiritualização progressiva: a espiga aparece. A primavera se manifesta. Mostram-se as belas cores da pedra.

Se, pois, quisermos repetir essa maravilhosa lei numa biografia, falaremos de um homem sábio, forte ou virtuoso, morto por uma perversidade qualquer; da ressurreição triunfante do bom, e da punição dos culpados.

O sábio verá aí apenas a história de um ciclo do Sol, e rirá dos protestos dos alquimistas a afirmarem que se trata da pedra filosofal. Trata-se de tudo isso e de muito mais ainda nestas histórias simbólicas. E o verdadeiro rosa-cruz, a quem se pede a chave da pedra filosofal da natureza, se contenta em mostrar a décima terceira chave do livro universal, explicando-a assim: *é necessário saber morrer para reviver imortal.*

Nas antigas iniciações egípcias, quando o véu que cobria o santuário acabava de baixar diante dos profanos, o recipiendário assistia a uma estranha cena. O grande sacerdote lhe repetia a história da morte de Osíris, que todo egípcio conhecia desde a sua infância; mas o futuro iniciado entrevia, nessa nova maneira de expor a lenda, um lado misterioso até então despercebido por ele. Logo, as provas de iniciação psíquica iam esclarecê-lo mais.

"No Egito, o 3º grau se chamava *Porta da Morte.* O ataúde de Osíris, que por causa de seu assassinato *supostamente recente* continha ainda vestígios de sangue, erguia-se no meio da *sala dos mortos,* onde se fazia uma parte da recepção. Perguntava-se ao assistente se ele havia participado do assassinato de Osíris; depois de outras provas e malgrado suas negativas, dava-se-lhe ou fingia-se que se lhe dava um golpe de acha. Ele era deitado de costas, coberto de faixas como as múmias; gemia-se ao redor dele; brilhavam clarões; o *suposto* morto estava envolto de fogo, e depois retornava à vida*."

Na moderna iniciação maçônica, o recipiendário, seja um bravo especieiro ou um professor do colégio da França, fica um pouco admirado de ouvir repetir a história do assassinato do artífice bíblico. O sentido do simbolismo é a tal ponto ignorado em nossa época, que o espírito fica desconcertado diante destes ritos, que, mesmo admiravelmente concebidos, passam no conceito de alguns como ridículos ou despidos de todo interesse. Sem pretender, no entanto, deter-nos demasiado neste ponto, abordemos esta lenda para descobrir-lhe em seguida os diversos e mais fáceis significados.

* Ragon. *Orthodoxic maçonique,* p. 101.

∴

Salomão, querendo erguer um templo ao Eterno, solicitou o apoio de seu vizinho, o rei de Tiro. Este lhe enviou os mais hábeis de seus operários, e entre outros, o homem encarregado de dirigir os trabalhos do templo, um arquiteto chamado Hiram. Era um homem tão destemido quão instruído. Educado no meio das florestas selvagens, a natureza era seu único guia. Ele lhe penetrava os mais profundos mistérios só pela força de sua maravilhosa intuição.

Com sua chegada, Hiram dividiu os operários em três grandes classes. À sua direita se enfileiraram os que trabalhavam com madeira; à sua esquerda, os que se ocupavam de metais, e enfim, no meio, os que trabalhavam com pedra.

Completada a divisão por classe segundo a profissão, Hiram dividiu cada uma das classes em três partes, segundo o saber dos que a compunham. Os menos instruídos constituíram em cada classe os *aprendizes;* os que eram hábeis nos trabalhos que executavam foram os *companheiros,* e enfim, os que dirigiam os outros foram os *mestres.*

A fim de impedir qualquer confusão entre essas ordens, cada um dos membros recebeu uma palavra misteriosa, indicando o seu lugar na hierarquia. Os aprendizes se reconheciam pronunciando a palavra *Bohaz,* os companheiros dizendo *Jachin,* os mestres soletrando a misteriosa tétrada dos iniciados: IEVE.

Essa é a ordem admirável em que o sábio Hiram estabeleceu sua hierarquia.

Unicamente o saber permitia aos operários elevar-se de uma posição, e essa sábia medida foi a causa do assassinato de Hiram.

Três malévolos companheiros quiseram arrancar à força a palavra misteriosa dos mestres do grande arquiteto do templo, e urdiram, com esse objetivo, a mais infame conjura. Os mestres se reuniam diariamente numa câmara situada no meio do templo, e a porta situada ao oriente lhes estava reservada. O sábio Hiram saía por último de todos após haver-se certificado pessoalmente da boa execução de suas ordens.

Sabedores dessa particularidade, os três companheiros se emboscaram, cada um numa das três únicas portas, e aguardaram a saída do grande arquiteto. Hiram, completados os trabalhos da jornada, se dirige para a porta Sul, onde ele encontra *Jubela,* que lhe pede a palavra dos mestres. Com sua doçura habitual, Hiram faz o companheiro notar que só o saber permite o conhecimento da misteriosa fórmula; o companheiro tenta ferir Hiram na cabeça com a pesada régua de ferro de vinte e quatro polegadas, de que se armara; o mestre desvia o golpe e é atingido apenas na garganta.

Hiram se volta então para a porta do ocidente, que servia de entrada comum a todos os operários. Lá se encontrava *Jubelo* que, ante a recusa do mestre de revelar seu segredo, lhe fere o coração com seu pesado esquadro.

Completamente aturdido, Hiram se arrasta até a porta do oriente, onde *Jubelum,* mais enfurecido do que seus cúmplices pela recusa do arquiteto, o abate com um golpe de malho na testa.

Os três celerados se interrogam mutuamente e, vendo que seu plano havia sido frustrado, só tiveram uma escolha: fazer desaparecer os vestígios de seu homicídio. Ocultaram o cadáver nos entulhos, e no dia seguinte, ao amanhecer, levaram-no para uma floresta vizinha, onde o sepultaram. Apenas um ramo de acácia assinalou a sepultura do maior dos homens.

Entretanto, Salomão, notando a ausência de seu arquiteto e pressentindo uma desgraça, enviou primeiro três mestres à sua procura. Não tendo estes encontrado nada, o rei despachou nove mestres que descobriram, ao fim de sete dias de pesquisas, pelo ramo de acácia, o túmulo de Hiram que ressuscita, graças a eles, em cada verdadeiro franco-maçom.

Os culpados, que haviam fugido, não tardaram em ser presos. Seu esconderijo foi traído por um desconhecido e um dos quinze mestres enviados para puni-los matou o mais culpado dentre eles, o assassino de Hiram, *Jabulum* ou *Abibalag*, numa caverna perto de uma fonte em que se havia refugiado.

Um cão indicou o esconderijo do celerado. Os outros assassinos se suicidaram, precipitando-se do alto da pedreira em que se achavam refugiados. As cabeças dos três maus companheiros foram levadas a Salomão.

∴

Tal é, em suas linhas principais, a Lenda de Hiram. Antes de empreender o estudo dos diversos significados em que se pode considerá-la, devo fazer algumas observações importantes.

Primeiramente, pareceu-me inútil complicar o relato introduzindo os adornos com os quais decorou a imaginação dos fabricantes de rituais. Assim, alguns autores misturaram com essa lenda o relato dos amores de Hiram com Balkis, rainha de Sabá, e lhe introduziram Salomão como cúmplice da morte de Hiram.

Outra nota bem curiosa é a mudança dos nomes dos três celerados, nos diversos graus; assim, o leitor tem visto, sem dúvida com espanto, *Jubelum* transformado em *Abibalag,* um pouco antes de sua morte.

Eis o que diz: o *Thuileur Général de la Franc-Maçonnerie* de Jean Marie Ragon, a este respeito:

> "Os nomes dos três assassinos de Hiram variam muito nos diferentes graus, segundo as diversas aplicações que se fazem da Maçonaria. São:
>
> *Abiram, Romvel, Gravelot,*
> ou *Habbhen, Schterke, Austersfurth,*
> ou *Giblum, Giblas, Giblos,*
> ou *Jubela, Jubelo, Jubelum etc.*"

Para os Templários, são Squin de Floriano, Noffodey e o Desconhecido — por cujas deposições Felipe, *o Belo*, acusa a ordem perante o papa — ou bem ainda são os três abomináveis Felipe, *o Belo*, Clemente V e Noffodey.

O maçom coroado, o rosa-cruz da França, os substitui por Judas, Caifás e Pilatos, os três fautores da morte de Jesus.

Na Rosa-Cruz de Kilwinning, os três assassinos da beleza são Caim, Hakan e Héni.

Dizemos, enfim, que a morte dos três celerados é repetida diferentemente nos diversos ritos. Ademais, a forma pouco importa, pois só o fundo nos deve interessar nas explanações seguintes.

Como todas as histórias simbólicas, a Lenda de Hiram encerra vários significados, que podem ser classificados em três grupos: o natural, o moral e o psíquico.

1º *Significado natural* — Em seu significado natural ou físico, pode a lenda ser considerada sob dois aspectos principais: como social, aplicada às leis sociais, e como astronômica, desenvolvendo um mito solar.

Consideremos um pouco o modo como Hiram divide seus operários e veremos aparecer uma das mais belas ideias sociais a desenvolver. Que protesto encerra contra as sociedades em que a intriga conduz a tudo! Na obra empreendida por Hiram, não há preguiçosos: todos são obreiros. Compreendendo, todavia, que a liberdade do homem deve ser respeitada acima de tudo, Hiram deixa cada um assumir na sociedade o trabalho que possa levar a bom termo, e desde a base de sua organização proclama o princípio: *A cada um segundo suas aptidões.*

Uma vez estabelecidas as classes, em número de três, aparece a hierarquia social. Em toda parte, e sempre, encontrar-se-ão dirigentes e dirigidos; é uma lei natural a gravitação de planetas ao redor do Sol, e essa lei se observa analogicamente, tanto na marcha de uma família como na do universo. Aqui, os satélites obedecem à impulsão solar; lá, as crianças devem ceder sob o impulso paternal.

Qual é, pois, o meio estabelecido por Hiram para se tornar membro da classe dirigente? É a hereditariedade dos títulos e cargos feudais? Não.

É a hereditariedade da fortuna submetendo os pobres ao despotismo de um ser imoral e depravado? Não.

É a intriga dando colocações aos mais protegidos? Não, mil vezes não.

Nada impede àquele que queira galgar a primeira posição na sociedade de Hiram. Basta ser digno.

Tudo segundo o mérito e não a hereditariedade, tudo segundo o saber e não a fortuna, tudo por concurso e não por intriga, tal é a expressão da segunda fórmula social de Hiram.

A todos aqueles que pretendem que a Franco-Maçonaria não se veicule a nenhuma filiação, mostrai-lhe a lenda do mestre. Se negam a existência de uma sociedade ideal na qual apenas dirigem os que sabem, repeti-lhes com Fabre d'Olivet e Saint-Yves d'Alveydre a história de RAM e de seu império universal. Se o passado não mais lhes interessa, transportai-os ao coração das instituições da China venerável, e procurai entre elas um emprego que não seja obtido por concurso*!

Poderíamos ainda mostrar outras relações sociais nessa lenda, mas falta-nos espaço. Resta-nos indicar e compreender as duas primeiras fórmulas de Hiram.

* Ver Fabre d'Olivet. *De l'état social de l'homme*; Saint-Yves d'Alveydre. *Mission des Juifs*; Simon. *La Cité Chinoise.*

A cada um segundo suas aptidões primeiro; a cada um segundo seu mérito a seguir*. O sentido astronômico tem sido tratado com bastante autoridade por todos os autores maçônicos, para que eu creia ser útil acrescentar algo mais. É como um mito solar que os filiados consideram quase exclusivamente a Lenda de Hiram, tal qual o atestam as passagens seguintes:

"O Sol, no solstício de verão, provoca, entre tudo o que respira, os cantos da renascença; daí que Hiram, que o representa, possa dar, a quem de direito, a *palavra sagrada,* isto é, a vida."

Quando o Sol desce nos signos inferiores, começa o *mutismo* da natureza. Hiram não pode mais dar a palavra sagrada aos companheiros que representam os três últimos meses inertes do ano.

O primeiro companheiro é tomado como tendo contundido fracamente Hiram com uma *régua* de 24 polegadas, imagem das 24 horas que dura cada revolução diurna: primeira distribuição do tempo que, depois da exaltação do grande astro, atenta fracamente contra a sua existência dando-lhe o primeiro golpe.

O segundo ferimento, com um *esquadro de ferro,* símbolo da última estação, figura nas intercessões de duas linhas retas que dividiram em quatro partes iguais o círculo zodiacal, cujo centro simboliza o coração de Hiram, em que se juntam as pontas dos quatro esquadros figu-

* Eliphas Lévi. *Histoire de la Magie,* p. 399 e ss.

rando as quatro estações: segunda distribuição do tempo que, nesta época, assenta um novo e maior golpe na existência solar.

O terceiro companheiro o fere mortalmente na testa com um forte golpe de *malho*, cuja forma cilíndrica simboliza o ano que quer dizer círculo, *anel:* terceira distribuição do tempo, cuja conclusão assesta o último golpe na existência do Sol *expirante.*

Nessa interpretação se conclui que Hiram, fundidor de metais, se tornou o herói da nova lenda com o título de *arquiteto*, e é o *Osíris* (o Sol) da iniciação moderna; que Ísis, sua viúva, é a *Loja* (emblema da terra e em sânscrito *Loka*, o mundo), e que Hórus, filho de Osíris (ou da luz), é o filho da viúva, é o *franco-maçom*, isto é, o *iniciado* que habita a Loja terrestre (filho da viúva e da luz)*.

"Assim, os três pérfidos companheiros traem seu mestre, como o fez Tífon em relação a Osíris, e diz-se na narração: Hiram se apresenta à porta do ocidente para sair do templo. É precisamente o que faz o Sol, supondo que esse astro tome por domicílio o signo do cordeiro, no primeiro dia da primavera, e que no último dia do verão, ou no dia da vigília de sua morte, que tem lugar na balança, ele desça para o horizonte pela porta do ocidente. Se agora examino a posição que o cordeiro toma no oriente, verei perto dele o grande Órion, de braço erguido, tendo um maço, em atitude de feri-lo. Ao norte, verei Perseu, com uma arma na mão e em atitude de um homem pronto para dar um

* Ragon, *loc. cit.*

mau golpe. Repito-o: o assassinato de Hiram, tomado no estilo figurado ou alegórico, é como a paixão de Osíris, como a de Adônis, de Átis e de Mitra, um produto da imaginação dos sacerdotes astrônomos, que tinham por objetivo a representação da ausência do Sol da Terra.

O enredo que se nos apresenta sobre Hiram é completo, pois o Sol nos faz ver também os *nove mestres* que vão à procura de seu corpo. E se voltarmos as vistas para o ocidente do horizonte, quando o Sol se deita no cordeiro, veremos ao redor desta constelação Perseu, Faetonte e Órion.

Seguindo-se assim as constelações que decoram o céu nesta posição, notar-se-á, ao norte, Cefeu, Hércules e Boötes, e ao oriente se verá aparecer o Centauro, o Serpentário e o Escorpião. Todos marcham com ele e o seguem passo a passo até o instante de sua nova aparição no oriente*."

2º *Significado moral* — O significado moral e religioso da Lenda de Hiram tem sido entrevisto por todos os grandes reformadores da Franco-Maçonaria. Assim, num ensaio de unificação dos diversos ritos, intitulado o *Mestre decorado em três pontos,* o recipiendário, consultado sobre o segredo da Ordem, divide-a em cinco partes distintas.

"A primeira parte se relaciona com a exposição de religião *natural, universal* e *imutável*, por meio de símbolos e máximas."

* Lenoir. *La Franc-Maçonerie,* p. 287.

A Lenda de Hiram, no esforço de todos os seus operários de classes e nacionalidades estrangeiras, contribuindo com seus trabalhos para levantar o Templo de Deus único, ensina a todos os seus adeptos a tradição dos gnósticos e de todos os antigos iniciados e a existência da religião única, de que todos os cultos são manifestações.

É por isso que a verdadeira Franco-Maçonaria deve ser inimiga do *sectarismo*, qualquer que seja a forma que tome.

A segunda parte do segredo maçônico, segundo o autor que acabo de citar, refere-se ao segredo das operações da natureza. Isso faz alusão ao sentido *hermético* e *alquímico* da Lenda de Hiram, cuja exposição não desejo fazer aqui.

A terceira parte do segredo é a perfeição do coração humano, de que o Templo não passa de alegoria. Poder-se-ia religar a este ponto a aplicação, na Lenda de Hiram, da grande lei das compensações, figuradas pela ressurreição de Hiram, pelo auxílio e punição dos culpados.

Quantos não se insurgem contra a máxima já popularizada: *o vício é sempre punido e a virtude recompensada?* Entretanto, não veio dar um grande apoio a essa máxima o conhecimento da lei do carma*, mostrando que, no in-

* *Karma*, termo sânscrito. Fisicamente, significa *ação*; metafisicamente, a *Lei de Retribuição*, a lei de causa e efeito ou de causalidade ética. Pode ser coletivo ou individual. O carma não castiga nem recompensa; é simplesmente a lei *única*, universal, que dirige infalivelmente, e por assim dizer cegamente, todas as demais leis produtoras de certos efeitos consequentes de suas causas respectivas. Em *Galátas* VI:7 assim a expressa são Paulo: "Tudo o que homem semear, isso mesmo colherá", o que repete a sentença dos *Puranas*, escritura hindu: "Todo o homem colhe as consequências de suas próprias obras". N. do T.

visível, *uma ação solicita uma reação igual*, e proclamando a semelhança das leis morais?

A quarta parte do segredo se relaciona com o mito solar, de que já falamos.

Enfim, a quinta parte torna a assinalar a luta dos instintos e da vontade:

"A vitória dos erros e das paixões sobre a verdade ou da virtude sobre os erros e as paixões, figurados igualmente pela morte e ressurreição de Hiram (que é a verdade ou a virtude), ferido por três companheiros celerados (que são *a ambição, a mentira* e *a ignorância*), retirado da tumba e vingado pelos nove mestres virtuosos (que são *as virtudes e os deveres maçônicos*)."

3º *Significado psíquico* — O mais importante dos significados que se pode atribuir à Lenda de Hiram é, sem contestação, aquele que se vincula às provas misteriosas praticadas em todos os santuários, para o desenvolvimento da alma do recipiendário.

Todo o objetivo da lenda se acha encerrado nesta morte do justo eliminado secretamente e em sua esplendente ressurreição.

O princípio do universo, que preside à destruição e transformação das formas, esse princípio conhecido em todas as teogonias e designado sob o nome de *Shiva, Ahriman, Typhon, Nahash, Satan,* foi maravilhosamente definido por Fabre d'Olivet: o *destino.*

A arma mais terrível que o destino pode opor à vontade humana, divinamente poderosa, é a morte. Em todas estas épocas a iniciação só quis alcançar um fim: instruir o homem e por esse meio tornar o destino impotente em seus ataques.

A cada passo era ameaçado de morte o recipiendário dos mistérios de Elêusis, e isso apenas para lhe advertir que estivesse sempre preparado para sofrê-la enquanto não alcançasse as últimas revelações.

Uma das provas mais terríveis que tinha que suportar era a seguinte:

Diante dele eram colocados dois copos.

O grande sacerdote lhe dizia:

"Filho da Terra! Um dos dois copos contém um veneno terrível. Se verdadeiramente crês no além, se não tens medo de morrer, escolhe um destes copos e bebe. Possam os Deuses te proteger!"

Em caso de recusa, era o recipiendário aprisionado até sua morte.

Platão se torna célebre entre os iniciados pela coragem que demonstrou nessa prova.

A Lenda de Hiram nos mostra o desenvolvimento deste mistério no sábio que prefere morrer a revelar o seu segredo, e que ressuscita imortal.

A propósito do grão de trigo, temos insistido no fato de que a morte precede sempre a vida seguinte, para que na mesma lei aplicada à evolução da alma só se possa ver uma repetição analógica do mesmo fato.

"Na linguagem simbólica se diz comumente que *a morte é a porta da vida;* linguagem pouco conhecida daqueles que possuem o grau de mestre, conquanto devessem tê-los instruído os emblemas colocados sob suas vistas. Entende-

-se, por esta figura, que a fermentação e putrefação precedem e originam o nascimento; que sem a primeira condição não pode ter lugar a segunda; que, numa palavra, para que a geração se efetue é mister que os princípios geradores morram, por assim dizer, que se dissolvam e se desagreguem pela putrefação. Com efeito, sem um movimento interno e fermentativo, sem a disjunção, sem a desagregação das partes envolventes, como poderia vir à luz o germe através dos invólucros que o detêm cativo*?"

"Em todos os mistérios antigos, como na iniciação maçônica, o cerimonial da recepção figurava as revoluções dos corpos celestes e sua ação fecundante na terra. Esse cerimonial fazia igualmente alusão às diversas purificações da alma durante sua passagem através dos planetas onde ela se reveste de corpos mais puros à medida que se aproxima de sua fonte, a luz incriada. Os sacerdotes que presidiam a iniciação lhe atribuíam a virtude de dispensar a alma do iniciado de diversas migrações planetárias; essa alma, com a morte do adepto, passava diretamente para a mansão da eterna beatitude**."

Tudo isso pareceria fabuloso a mais de um franco-maçom se eu não tivesse tido o cuidado de citar a opinião de um de seus livros mais sérios: o *Thuileur Général*.

Entremos, no entanto, em alguns detalhes desta exposição da imortalidade na Lenda de Hiram.

* *Thuileur des trente-deux degrés de l'Ecossisme du rite ancien, dit accepté*, p. 244.
** Clavel. *Histoire pitoresque de la Franc-Maçonnerie*, p. 54.

Morto o arquiteto do Templo, os assassinos o sepultaram na terra e marcaram o lugar de seu túmulo com um ramo de acácia. É ela que logo guiará os mestres em suas pesquisas. Que representa, então, esse símbolo?

A acácia é análoga à *aubépine*, à cruz egípcia e cristã, e à letra hebraica VAU, que quer dizer laço.

É o símbolo do laço que une o visível ao invisível, nossa vida à seguinte, numa palavra: é a garantia da imortalidade.

O corpo de Hiram está em putrefação, mas sobre ele se ergue o ramo morto, com a cor da esperança, que indica não estar tudo terminado.

Admiremos agora o gênio dos autores da lenda, que fazem esse símbolo falar na boca de todos os mestres. O franco-maçom que seja ateu, que não mais creia nas transformações espirituais do seu ser, confessa, embora sem o saber, sua própria ignorância, e prova que não atinou completamente com o simbolismo, quando diz:

*A acácia me é conhecida**.

Se ele diz que conhece a imortalidade, por que então professa o materialismo?

Franco-maçom que rides da ciência oculta; franco-maçom que desestimais as teorias espiritualistas! Retornai à lenda do Grande Arquiteto do Templo místico; compreendei vossos símbolos, e vereis quanto pareciam anormais vossas fórmulas positivas proferidas diante da *estrela flamígera*!

Deveis ser inimigos de todo sectarismo; temei tornar-vos sectários.

* Fórmula de reconhecimento do grau de mestre.

Acabamos de passar em revista alguns dos significados que nos pode revelar o estudo dessa admirável Lenda de Hiram.

Ashmole trocou por um ramo de acácia a antiga palma de que Homero e Virgílio dotaram os homens duas vezes nascidos: corporalmente pelo nascimento terrestre, e espiritualmente pela iniciação psíquica.

Mas qualquer que seja o ramo de acácia, de oliveira, de mirto ou de uma cruz, que se erga diante do investigador, é preciso ver em toda a parte o mesmo símbolo de reconhecimento psíquico, e dizer com Ashmole e a Rosa-Cruz:

A imortalidade me é conhecida!

Leia também:

GRAU DO MESTRE ELEITO DOS NOVE
Biblioteca Maçônica Pensamento

Jorge Adoum

O Maçom do Grau 9 ou "Mestre Eleito dos Nove" acha-se num dos graus das Lojas de Perfeição. Nele, vai estudar ciclos, forças negativas e a reconstrução.

Jorge Adoum conta aqui o Mito Solar, a luta constante entre a Luz e as Trevas, o bem e o mal. Temos uma analogia com os nove signos zodiacais dos meses mais luminosos, no hemisfério norte, que lutam contra os signos dos meses mais escuros ou do inverno, que são Escorpião, Sagitário e Capricórnio.

Veja um trecho: "esta versão da Lenda de Hiram nos ensina com toda a clareza a lei de causa e efeito, como a explicaremos mais adiante e que consiste em: 'com a vara que medirdes sereis medido'. O Iniciado deve matar em seu coração a ignorância, o fanatismo e a ambição, substituindo-os pela sabedoria, tolerância e altruísmo, ou pela verdade, compreensão e desprendimento".

Editora Pensamento

Leia também:

GRAU DO MESTRE MAÇOM E SEUS MISTÉRIOS
Biblioteca Maçônica Pensamento

Jorge Adoum

Grau máximo entre os graus simbólicos, o Mestre representa a perfeição humana, atingida após a morte de suas paixões e o domínio de seu discernimento mais elevado. É na lenda de Hiram Abiff, o arquiteto do Templo de Salomão, que o Mestre maçom vai espelhar sua chegada a essa perfeição. Hiram era o "chefe supremo dos obreiros", nas palavras de Jorge Adoum.

A difusão maior da Maçonaria, graças a obras como *O Símbolo Perdido*, de Dan Brown, despertou a curiosidade de muitos a respeito da fraternidade, e com a orientação segura e erudita de Adoum, o leitor estará com um guia fiel.

Editora Pensamento

Leia também:

DO MESTRE SECRETO E SEUS MISTÉRIOS
Biblioteca Maçônica Pensamento

Jorge Adoum

Neste volume da coleção *Biblioteca Maçônica Pensamento*, o Mestre Jorge Adoum nos apresenta as características do primeiro dentre os chamados Graus da Loja de Perfeição, Graus Inefáveis ou Maçonaria Vermelha – vão do 4º ao 14º graus.

O Mestre avançou da Loja Simbólica e começa a percorrer novas sendas dentro da Maçonaria, conhecendo ainda mais os símbolos e aprendendo as virtudes do silêncio (ou segredo), obediência e fidelidade. Ele procura, agora, Hiram, o Sol Espiritual.

Editora Pensamento